從此不再為難自己

Stop Being Hard on Yourself Henceforth

采薇——著

目錄

PART 6

人生跌宕起伏，才有出其不意的驚喜

strong

PART 1

這個世界，沒有人能代替你堅強

在這個弱肉強食的時代，

不管外表多麼柔弱，都要有強大、充滿力量的內心。

每個人都有脆弱的時候，

不要擔心，好好調整就能過去，但不要氾濫。

你必須明白一個真理——

在這個世界上，你不堅強，沒有人會替你堅強。

01 看清那些讓人心累、敷衍的友誼

在微博上看到一個故事，有個獨自在國外生活的女孩，她有個很好的閨密。這個閨密看起來就是個「無害」的女生，總能在女孩需要安慰的時候及時出現。女孩也大方的送她化妝品、為她買衣服，甚至還塞了一點零用錢給她。

因為在國外的生活太過寂寞，女孩常常在微博發一些自拍，關注自己有興趣的影視新聞。女孩很快吸引了一些粉絲，漸漸也有了一些關注度，時不時有人留言讚美她長得漂亮。

當然，這些「粉絲」中，也有一些不同的聲音。她注意到，有位網友經常用最刻薄、最惡毒的話語來酸她。而且這位「黑粉」似乎總能戳中女孩的痛點，即使隔著螢幕看到，那些話語總是深深刺痛女孩的心。

回國以後，女孩有一次和閨密在商場逛街。閨密臨時說要去一下洗手間，請女孩幫忙拿著外套和手機。女孩瞥了一眼閨密還沒關閉的手機螢幕，竟然發現那位網友的名字，就是閨密註冊的。

等閨密一回來，女孩拿著她的手機興師問罪，壓抑著怒火等待解釋的時候，對方竟然嘻皮笑臉的說：「我不過是偶爾手滑，覺得這樣很好玩，跟你開個玩笑而已，你何必在意這些網上的評論？而且，說不定就是我幫你多拉到流量、多點關注呢！」

* * * * *

其實，我們身邊很多這樣的人。什麼事都可以四兩撥千斤，「只不過是網路上的留言而已」或「我不過是跟你開玩笑」，就把自己的惡形惡狀推得乾乾淨淨。

我身邊就有一個愛亂開玩笑的朋友，不管是私下或是正式的場合，她總是不分青紅皂白，就將別人的醜事抖出來。

這種人在「黑」完別人後，也經常自黑，確實他們也很積極的道歉，還動不動就秒刪，總是打哈哈把這些事繞過去，就當沒事了。

他們並非不懂別人真正的意思，而是早已習慣把自己當成小孩子，自以為淘氣當有趣。別人最不愛提的糗事，他們非要提；別人覺得醜的照片，他們非要傳到朋友圈；叫你最難聽的外號，讓人氣得翻臉，他們還會覺得這有什麼啊，你真是小心眼。

在忙碌的現代社會，大家都缺乏耐心，一句話就可以令別人倒戈相向；除了自己的父母，沒有誰會屢次原諒總是把自己當成孩子、每每破壞友誼規則，總是說自己有口無心，總是反問「這也不算什麼，你為什麼不原諒我」的人。

* * * * *

我有個朋友小朱，她總是遲到。每次跟她有約，總會遲到半個小時起跳。每次給的遲到理由也都差不多，什麼臨時接到一個通知，要處理一點公司郵件，或者是孩子休假，送孩子去爺爺奶奶家……

在這位遲到大王的世界裡，似乎每件事情都比我們的約會重要。確實，除了遲到這一點，小朱在其他方面都沒有太大問題，她自己更覺得「遲到」沒什麼，每次見面就隨便插科打諢，嘻嘻哈哈，把遲到這件事糊弄過去了。

有兩次事件，因為小朱總是「遲到」惹毛了我。一次是我和她約好一起去接機，眼看朋友飛機都已經要抵達了，我等不到小朱的人，打電話才知道她竟然還沒出門。等我們倆集合，忙亂的趕到機場時，剛下飛機的朋友已經在冷風中等了將近一小時。而小朱，還是以前那種態度，笑嘻嘻的，想模糊焦點把這件事遮掩過去。不過，朋友卻十分嚴肅的責備了我們。

朋友說，並非一定要我們來接機不可，如果我們不能準時抵達，提前告知就好，這樣就不必等我們這麼久，也可以提早做其他安排，去處理別的事情。可是小朱卻仍然用那一句老話，「這有什麼呀，我們一會兒帶你去吃大餐補償你」，只想把這件事敷衍過去。最後，朋友當然沒有接受我們聚餐的邀請，就匆匆忙忙的奔赴下個目的地。

另一次是小朱主動邀我出去，我等了半個多小時後還沒見到人，於是打了電話，她含含糊糊的說，馬上就到。可是當我坐車趕到她家裡時，發現她才剛剛起床。

這一次，我沒有原諒小朱。

並非小朱這個人不好，而是她總是慣用一種敷衍友誼的態度，來消耗朋友之間的能量。在她心裡，友誼並未被重視，可以隨時讓位給生活中其他的事。朋友之間的約定，在她看來不是需要嚴格遵守的儀式。

那在小朱心裡，友誼到底擺在什麼位置呢？

雖然活得從心所欲是每個人的追求，可是做人真的不能太任性。並不是這種人不可原諒，而是和他們繼續當朋友，讓人很心累。

人必須為自己說出去的每句話、做的每件事負責。如果別人總是因為你的錯誤而受傷，那別人可能就會因此選擇離開你。

真正珍視感情的人，一定會把朋友的事放心上，就像她會慎重對待自己一樣。這樣的人，一定不會那麼頻繁地請求朋友的原諒。

02

你是在生活，還是在湊合？

這個世界過於喧囂，我們已經失去太多寶貴的東西。表面上，我們的生活變得更加方便，但方便本身並不意味著生活品質的提高。反而是，我們湊合的地方愈來愈多，我們似乎特別急著把自己投入掙錢的行列中，除此之外，人生中的一切都不值得一提。

很多人吃飯湊合。對有些人而言，吃飯僅僅是為了活下去；對另外一部分人而言，談事情才最重要，至於飯，吃不吃無所謂。現今我們對吃飯已經沒有一種尊重感，沒有用心和食物交流，只是大吃大喝，甚至一頓飯吃完後也忘了剛才吃過什麼。

很多人睡覺湊合。雖然已經爬上床，

但是還離不開那支手機，心裡想著再半小時就睡，結果過了一個又一個的半小時，手機還拿在手裡。直到凌晨兩三點，才勉強放下。我們對睡覺沒有尊重感，所以也不會安然入夢，腦袋裡總惦記著還沒閱讀的訊息。

很多人社交湊合。微信裡加了上千個好友，睡前把一百多則新發的朋友圈訊息刷過一遍，逐一點讚，似乎和每個人都很好，但是真正痛苦和寂寞的時候，才發現連個可以談心的人都找不到。我們對朋友也沒有儀式感，我們不會抽時間特地陪他們，我們常常同時與四五個人交流，哪個回覆了就隨口答應。在這樣的交流裡，朋友成為我們打發寂寞的工具。

很多人結婚湊合。相親戀愛是因為年齡到了、父母逼迫、社會壓力、可以多一個人還房貸……等等不同理由。反正挑一個差不多的人，還聊得來，就匆忙結婚，用父母輩的話來講，「反正結婚嘛，不就是那麼回事，不就是兩個人在一起湊合著過嗎？」一旦有了孩子，日子就更得湊合了，就是沒有感情也湊合過，為了孩子哪能離婚呢？

這樣過日子，帶來的副作用是空虛。

我們以為自己過的是生活，其實只是在湊合。

* * * * *

真正的生活，需要投入和尊重。當然，我們每個人在生活中都有屬於自己的「優先重點」，對有的人而言，朋友最重要；對有的人而言，則是家庭；有的人則重視事業。但是不管你人生的優先重點是什麼，我們都不能放棄自己的生活。

我們需要前進，也需要偶爾停下來，聽一聽內心的聲音。

短短幾十年裡，真正屬於我們自己的日子並不多，若是一生都為「忙碌」而奔波，那這一生的回憶只有兩個字——「忙」與「快」。太過湊合的時候，我們會忘記什麼才是自己真正想要的生活，因為我們會被這樣的節奏給帶歪了，失去健康，失去朋友，失去很多樂趣。

當「佛系」成為一種新時尚時，我們應該反思的是，在這個時代裡，我們是否已經過度焦慮？愈來愈多的文章「告訴」我們，只有賺錢才是唯一真理，事實並非如此。

賺錢的確很重要，但是我們賺錢的初衷，是為了過更舒適的生活。我們在匆忙的節奏裡，把生活過成為了賺錢而賺錢，似乎除了這件事，其他一切都可以湊合就好。

有儀式感的事情，會讓我們瞬間回到慢生活的節奏中。因為有儀式感的事情，需要花時間籌備，需要用心，需要我們不那麼焦慮（只是沉浸在事情之中）。

我們在「慢」裡能體會到一種關乎尊重和品味的儀式。

要生活，不要湊合。好好生活是一種超強的能力；讓我們憑藉這種能力向內尋找安寧，在平凡重複的日子裡把生活過成一首詩吧！

03

這個世界，沒有人能代替你堅強

有次高中同學聚會，大家難得同桌敘舊，本來談起以前的少女回憶覺得還挺不錯的，結果聊著聊著，話題就變了。起因在於我和老同學因為「堅強」這個話題，兩人觀點分歧而有點爭執。

同學說：「因為我們是女生，有一顆極其柔軟的內心，它脆弱、敏感，禁不起外界的一點傷害，所以我們可以『不』那麼堅強。」

所以，可以在失戀的時候哭得死去活來，覺得失去他就失去全世界。

所以，可以因為朋友的一句玩笑話，默默躲在角落哭一整天，而那個人卻完全不知情。

所以，可以常常感覺所有朋友都不懂自己，他們在自己最脆弱的時候沒有出現，責備他們不配稱為朋友。

我真想笑。

＊　＊　＊　＊　＊

天生的柔弱不是我們無理取鬧的藉口，與生俱來的脆弱也不是我們自暴自棄的理由。在這個世界上，你首先要關心自己、愛護自己，才有資格要求別人愛你。同樣，如果你不堅強，也不會有別人替你堅強。

我有個女性朋友，名叫柚子，患了一種大多數富二代都會沾惹的病——公主病。

她就讀的大學是所名校，以古樸和文化歷史悠久而著稱，報到第一天，她就大哭大鬧，並發出奇怪的尖叫聲，說這個學校太破舊，還有一股陳年腐朽的味道。

可能平時在家有父母寵愛，茶來伸手、飯來張口慣了，剛住校時，柚子每天都非常難熬，每晚睡前必和男朋友或閨密煲長達一個半小時左右的電話粥，躲在被子裡一邊哭一邊抱怨這個破學校、破宿舍，還有學生餐廳裡難以下嚥的飯菜。

柚子的抱怨嚴重影響其他室友的睡眠，但漸漸的她們也都習慣了。只是偶爾還能聽到柚子在洗衣間突然爆發、持續不斷的尖叫聲，看到她一邊狂奔一邊淚眼婆娑回房間，一副驚魂未定的樣子，用顫抖的聲音說著，剛剛洗衣服的時候，又遇到老鼠了。

炎炎夏日，柚子嫌戶外陽光太強，怕會曬黑變醜，所以好言好語地讓室友幫她帶飯回宿舍。寒冷冬季，她嫌教室漏風太冷時間久了肚子會疼，所以嘻皮笑臉地讓室友幫她請假。

住在宿舍的八個人中，柚子的年紀最小，大家一直都很照顧她。只是，照顧的次數多了就沒有人願意理她。是啊，又沒有誰欠你，憑什麼時時都要幫助你？

被潑了冷水的柚子常常一個人生悶氣，在微信上對我抱怨，「為什麼時間久了，大家都變成了這副冷漠的樣子，太不夠朋友了！」

某個週末，我回家陪父母，正和他們聊天的時候，柚子突然在微信上發給我一連串哭臉的表情。

她說，已經一整天沒吃飯，早晨起來感覺頭痛，渾身發冷，摸了摸額頭好像發燒，再加上肚子也痛，在床上躺了整整一天。

我急忙問她：「吃藥了嗎，要不要去醫院看看？」

她說：「吃了，不想去醫院。」

我又問：「其他室友不在嗎？」

「在。」她回。

「那你怎麼沒請她們幫你帶點吃的？」我繼續問。

柚子這次又發來一個嚎啕大哭的表情：「我從早晨到中午一直在床上躺著，她們沒有一個人問我怎麼了，是不是身體不舒服，要不要去醫院，大家都各忙各的事情：出門逛街的逛街！去圖書館看書的也出門了！戴著耳機追劇的則是看得入迷！根本沒有人關心我！沒有一個人！」

一連串的感嘆號，足以看出她多麼氣憤和失望。

作為柚子的好朋友，我聽了心裡挺不是滋味，更不想打擊她，她自始至終沒有開口和室友講一句話，總是在被動等待別人主動送來的關愛。而在這個世界上，並不是所有事情都能如你所願，如果你自己都不愛自己，又有什麼資格讓別人愛你呢？

我相勸安慰後，柚子終於肯叫外送了。

但她也問我，「為什麼才過了一年，室友就變得如此冷漠？」

我回答她說：「不是大家變冷漠，而是你的要求愈來愈多。」

我告訴柚子，她必須變得堅強成熟起來，否則，將來會遇到更多的挫折和煩惱，而這些挫折和煩惱都是可以避免的。

* * * * *

每個人都必須明白，每個人都有自己脆弱的一面，但並不代表這脆弱可以無限氾濫，可以當作藉口，可以一次次的拒絕成長。

人生的路才走了多少，還有很多漫長的歲月，需要獨自一人面對受傷害的時刻，只有依靠內心強大的力量，才能支撐自己那柔弱的心房。

可能是這番話或是這次經驗的教訓，柚子後來變了——她不再抱怨，不再矯情，不再事事都依賴別人，而是用真心換取別人的真心。她對我說，原來並沒有冷漠的人，只要自己的心態對了，就會發現每個人其實都有其獨特、可愛之處。

她曾經就像一個易碎的瓷娃娃，太過脆弱，總想尋求別人的保護，恨不得所有的人都把她捧在手心，呵護她。可愈是這樣，她愈容易受傷，一不小心被摔到地上，便瞬間碎成了瓷片。

而現在的她，變成一個堅強的橡皮人，無論怎樣捏、打、擠、壓，都無法讓她失掉原貌，保持對生活微笑著的樂觀態度，不卑不亢，不吵不鬧。

在這個弱肉強食的時代，不管外表多麼柔弱，都要有強大、充滿力量的內心。每個人都有脆弱的時候，不要擔心，好好調整就能過去，但不要氾濫。你必須明白一個真理：在這個世界上，你不堅強，沒有人會替你堅強。

04 戒不掉的，是你生活中那些美好習慣

我在網路上看到一部羅曼史小說，故事中的男女主角因為一些原因分開後，各自獨立生活了許多年。這些年，女主角搬了好幾次家，曾經與男主角相關的一些東西也都慢慢遺失了。某天午後，她無意中打開一本書，看到一張白襯衫迎風搖擺的照片，她仔細辨認，背景竟然是她曾經住過的宿舍大樓。

她不知道男主角什麼時候拍下這個場景、這張照片，但她的確曾經為他洗過衣服，沒想到他竟然銘記於心。她不知道他是什麼時候把這張照片夾在書裡，也許是為了給她一個驚喜。

她忽然想起來的是，在他們交往的過

程中，對方一直都是這麼細心。那時候他非常喜歡攝影，喜歡用這樣的方式來記錄彼此的愛情細節——只不過，那時候她沉浸在他給的愛情習慣裡，而忽略了這些美好。

當她再次遇見這些曾經時，過去的一切，突然像是電影一樣，一幕幕在眼前播放。至此她才知道，原來這些美好的事物從來都沒有從生命中消逝過，一直都深藏在她的心底。其實，一切美好的事物，都是由很多溫暖的細節所累積。

＊　＊　＊　＊　＊

另一個關於習慣的故事，則和「考驗」有關。

有個女孩總喜歡考驗自己的對象。起因是她不太愛這個男生，總覺得自己是勉為其難才答應對方的交往。在兩個人的愛情裡，她像是個高高在上的公主：明明下著大雨，要對方冒雨出去買早餐給自己；明明酷暑正午，要對方去買冰淇淋給自己；她生日的時候，一定要按她要求的規格來慶生；一旦對方做得有一點不稱心如意，她就會生氣抱怨。而這些種種，她都簡稱為：對男朋友的「考驗」。

女孩的男朋友一直很寵她，在她設下的這些考驗中，每次也都盡量做到最好，甚至連女孩的閨密都看不下去。閨密告訴她，如果她繼續任性，有天他們真的分手了，受傷害的是她自己。女孩並沒有把閨密的話放在心上，她想，自己這樣做有什麼不妥？反正自己也不算太愛對方，萬一要分手，就分手吧！

這個男朋友也算有毅力，但堅持了兩年後，女孩的任性終於磨光了他的耐心。他離開後，這個女孩才發現，一直以來，她被對方過度寵愛到已經讓自己失去基本的生活能力，這個男生的身影已經滲透到她每個生活細節和人生習慣裡。

原來，對方已經變成愛情裡女孩戒不掉的癮：他存在的時候，每個細節都是愛的儀式；他離開後，每個細節都變成了傷感的回憶。

某天，我在網上看到一段留言，「有段時間，已經習慣了穿球鞋，因為工作關係，那天必須穿上高跟鞋。只是突然換了雙高跟鞋，穿一整天後，才發現自己腳痛到不行。原來一直都不起眼的平底鞋，就像那些美好的習慣一樣，舒適到讓人沒辦法忽略。」

那一刻，她忽然明白了，為什麼很多作家喜歡把愛情比喻成鞋子，因為高跟鞋的光鮮亮麗，雖然可以給人生帶來某些閃耀的時刻，但與我們相伴最久的，令我們感覺最舒適的，始終還是平底鞋。因為它們太普通，所以常常被我們忽略，但就是這種普通的美好，卻是我們戒不掉的那部分。

* * * * *

我有個女閨密生活非常浪漫，每次寫郵件給她老公的時候，都喜歡用「愛你如鹽」這四個字，這幾個字已經成為他們夫妻之間特有的愛語。

她向來對生活有很多令人拍案叫絕的奇思妙想，有次我特別問她，這四個字到底有什麼與眾不同的意義？

她笑著告訴我，「鹽才是百味之王。如果沒有鹽，做出來的東西就會寡淡無味。而愛你如鹽，是為了告訴對方，真正的愛是潛移默化，不會對愛人的生活過分干涉，而是生活中那些不經意的美好，隱藏在日常生活裡。」

有個作家曾說過，生活是把所有的細節都梳理清楚。最終也就是這些瑣碎到不能再瑣碎的事，細微到不能再細微的習慣，構成了我們生活的全部。

我們和家人經年累月的生活在一起，「什麼是愛？」其實已經說不清楚；「怎樣才算是愛？」每個人都有自己獨特的理解，不能一概而論。

但自己的快樂和幸福卻是能感受得到，是溫情還是冷酷，需要從每天的相處，每次的交談，每件小事的磨合中來細細體會。

多年後回顧，我們能記住的美好，就是那些關於愛的點點滴滴，是這些片段，組成了我們的人生故事。

有人曾經說過，**最讓人難以戒掉的愛情，就是別人已經成為你的人生習慣**。當感情已經走過了熱烈燃燒的階段，卻沒有變成一堆灰燼，而是在平淡的表面下暗藏溫度。

其實，在人生中，給予永遠都比索取快樂。

那些把每一個愛對方的習慣都打點得細緻美好的人，一定是克服了自己人性當中的惡，在分別之後，一定會成為對方戒不掉的想念。與他們連結的每個回憶，都牽動著心底柔軟的部分，所以才會令我們猝不及防地憂傷。

抱歉，這世界從來沒有容易的事

05

我有個小學同學，念書時候就常欺負班上家境比自己好的同學。看別人衣服穿得比自己好，就故意弄髒他們的衣服；看他們有零食吃，就搶他們的零食……

老師看他老是這樣不是辦法，找來問話，他就說：「那些人總是一副了不起的樣子，看我的眼神也怪怪的，難道我家裡窮，他們就該這樣對我嗎？」

當時大家還小，也沒有在意他這些話。老師也想著，或許等他長大懂事就會好些了。結果，我們都已經畢業多年，各自發展了，當我前一年見到他時，依舊是小時候記憶的那副樣子。

從此，我再也沒和他聯繫。其實，事

過境遷，我不嫌棄你窮，但是你的人品有問題、心態不好，我就不想再和你相處了。

＊　＊　＊　＊　＊

我有個學表演的朋友，他的工作很忙碌，比起我們在辦公室吹冷氣、敲鍵盤，晚上七點就能下班走人的工作，他實在辛苦多了。

冬天的時候拍夏裝戲，要穿著背心、短褲在寒風裡跑，還不能露出半點怕冷的樣子。夏天的時候如果拍冬天的戲，裹著羽絨衣還得雙手直哆嗦，其實全身早就汗濕透了。

他經常半夜拍戲，只能吃冰冷的飯盒或啃麵包、饅頭，壓力加上飲食不正常，胃病纏身。平時休假或休息時間，為了保持完美體態，大半天都待在健身房裡鍛鍊，很少有自己的時間，更別說打電動，或者開車兜風。

所以，得到的愈多，要付出的就愈多。

我們看到很多人光鮮的一面，總會咋舌不已，羨慕他們的成就，心想自己要是有這麼好的背景和家世，該有多好。卻沒有看到這些人背後的艱辛，也不會想到他們為了擁有今天，背後付出了多少努力和汗水。

一個人要能長期保持身材不發胖、不長出鮪魚肚，你覺得容易嗎？你能想像他們在健身房流下多少的汗水？

經常熬夜卻沒有黑眼圈，且看不到痘痘，你覺得容易嗎？你能明白他們為了擁有一個良好的形象，而付出多少工夫嗎？

不管身上背負了多少責任重擔，卻還能笑得那麼自信有氣場，你覺得容易嗎？

* * * * *

這世界本來就沒有一件事情是容易的，你仔細想想就知道了。

的確，有人是含著金湯匙出生，以後的人生路可能會因此比其他人要順遂得多，但這和世界公不公平沒任何關係，因為出身這問題，自己決定不了。

雖然家世背景不同，但之後的路要怎麼走，卻沒有人幫得了他們。每個人的命運都掌握在自己手裡，如果自己不努力，沒有真本事，有再好的背景也是白搭。

就像是擁有了世界上最好的舞台，但你沒有表演能力，台下也不會有觀眾。所以，別抱怨了，好好去努力吧！

人們常常把自己的失敗歸咎於環境和出身，就是忘了自己一無所有還不知道努力。眼巴巴看著別人的成就——別人又買房了、別人又買車了、別人又賺錢了……卻忘了，這個世界上沒有絕對的公平，沒有無緣無故的幸運，也沒有輕而易舉的成功。

你若只看得到別人的成就，卻不看他們背後的付出，那麼你始終都只是個膚淺的人。透過華麗的表象，你要去發現背後的實質；所有的成就都是血汗的結晶，而這血汗，眼拙的人看不到。

誠如女作家冰心在〈成功的花兒〉詩中寫著：

「成功的花（兒），人們只驚羨她現時的明豔！
然而當初她的芽兒，浸透了奮鬥的淚泉，灑遍了犧牲的血雨。」

成功花兒所蘊含著的艱苦努力，從「芽兒」、「淚泉」、「血雨」這些生動的文字可見一二。富有智慧的人都懂啊，這個世上本來就沒有容易的事。

06 你若自信，何須比較

婷婷是位非常有志向的女孩，年紀不大，卻很努力、有上進心，她的目標就是擁有優異的學業成績。她有個學霸姊姊，從小就受到爸媽的寵愛，在周遭朋友眼中，所有的聚光燈都打在姊姊身上。相較於婷婷，卻像是個被丟棄在角落的孩子，因此，她也想要透過好成績找到自己的亮點，讓親友們注意到她。

可是，天不從人願，婷婷無論怎麼努力，成績一直無法更進一步。

我們最初相識時，她顯得有些拘謹，甚至不太愛說話，只是見過婷婷多次後，我們變熟了，我才發現她其實是個性格活潑、很有想法的女孩。

婷婷向我傾訴她的困惑後，希望我能幫幫她。我們一邊聊一邊分析學業無法進步的原因時，我發現，她之所以成績差，是因為遇到不懂的課業時，不敢向其他人請教。

原來她在班上經常沉默不語，幾乎沒有朋友。上課的時候，她從不發言，遇到不懂的題目，也從不敢向老師提問。

婷婷說：「我一看到老師就很緊張，只要一叫我答題，我就會緊張到手心出汗。」

可是，為什麼她跟家人、朋友，還有和我在一起的時候，卻很放鬆呢？她說，那是因為我們是熟悉的朋友，在我們面前沒有被壓迫感。

＊　＊　＊　＊　＊

你身邊是不是也有這樣的人，在好朋友面前，一開口就說個不停，可是一旦在陌生場合，就變成沉默寡言的人，或者在老闆、老師、長者面前，經常緊張得說不出話來？

這種性格是天生的嗎？其實不然，這只是一種短暫狀態下的焦慮。遇到這種情況，只要克服焦慮，就能解決問題。

為了解決這種焦慮，有些人強迫自己做推銷工作，每天規定自己接觸多少位陌生人，敲開多少客戶的大門等。這的確是一種解決問題的辦法，但大部分人都失敗了。為何失敗？因為一味盲目地去拜訪陌生人，並不能徹底解決心理問題，反而會因為種種挫折，讓自己愈來愈沒自信。

與其帶著焦慮去見陌生人，不如從心理上徹底排除焦慮。

人之所以焦慮，最大原因是產生錯誤的認知。首先，你要把陌生人、老師、老闆等，這些讓你感到焦慮的主體，變得與自己不再對等。在面對他們的時候，你會想到的是他們身上的各種身分標籤，而不是一個個普通人。當這些特定對象發生變化時，和你變成朋友後，你們的溝通就能變得順暢。

人有百百種，有人高、有人矮，有人普通、有人高貴，但終歸都是「人」。觀點、視角、文化等，也是多種樣貌，不只一種標準、一種模式、一種狀態，而你的觀點與看法只是其中一種。所以，你與他們一樣，大家都只不過是站在不同角度來看問題而已。

所以，遇到陌生人或讓你覺得焦慮的對象時，首先要調整自己的心態，告訴自己他像是你的朋友一樣，沒什麼大不了，這樣才能慢慢培養起自信心。

另外，最重要的一點是，找到自己自信心不足的點。有些人是缺乏相應的知識，在知識豐富的人面前說不出話，這時就要多看書學習，充實自己，讓自己言之有物；如果是怕說錯話，那就多留心觀察令你佩服的人，看一些名人訪談，學習他們如何對話溝通；如果是因為相貌、自身缺陷而沒自信，那就應該把注意力放到自己的優點上。

改變能改變的，把注意力放到自身優點和亮點上，才能建立起最基本的自信心。自大的人，習慣拿自己的優點去比較他人的缺點；自卑的人，習慣拿自己的缺點去比較他人的優點。因為心態不同，所以塑造出兩種不同類型的人。

性格真的能決定命運嗎？其實，只要願意改變，沒有什麼能決定你的命運。

這世上的公主，從來都不是天生的

07

我很佩服一個女孩，大家都叫她婉兒。

當宿舍的紗窗拆下來清洗，晾乾後卻怎麼也裝不回去，大家一籌莫展之際，婉兒看到了，拿起紗窗三兩下就搞定了。完事後拍拍手，不費吹灰之力。

當其他女生大加稱讚，問她從哪學來的？她非常詫異的反問：「難道你們從來沒裝過紗窗？」

這句話問得現場所有女生啞口無言。

婉兒會的還不只這些；她會修電腦、修腳踏車鏈子；水管堵了她捲起袖管就開始處理；出門採購日用品，大包小包的東西，也是一個人拎回宿舍，從不喊累。所以，我們常暱稱她就是個「女漢子」。

像婉兒這樣的「女漢子」，可不是「假小子」，也不是「男人婆」，更不同於網路上流行的女漢子那種標準——平時或上網聊天口無遮攔，外表不修邊幅。

不是所有的「女漢子」都是金剛芭比，「女漢子」的特徵，應該更多是表現在內心，而不是外表。

她們化著精緻的妝，穿兩吋半的高跟鞋，但所有苦差事從不拒絕。

她們遇事沉著冷靜，不抱怨、不矯情，從來不想這個問題該由誰解決，而是她們自己該怎麼解決。

她們外表柔弱，但內心強大；看似弱不禁風，實則能抗八級地震。

婉兒便是如此。

* * * * *

你說，你想有一個人，能在你逛街累了時，打通電話他就能把你送回家。

你說，你想有一個人，能在你手忙腳亂時，對你說：「放下吧，我來。」

你說，你想有一個人，能在你無聊寂寞的時候，耐心回應你的任性和撒嬌。

你說，好羨慕那些大學一畢業就結婚的女生，無論遇到什麼困難，都始終有一個人站在她身邊，給她幫助，給她溫暖。

* * * * *

但是，女孩們，請記住，沒有誰天生就是公主。這個世界上沒有人理所當然為你付出，包括你的父母。你必須學會自己堅強。

學會在身邊沒有肩膀可以依靠的時候，自己動手。不要總是想著讓別人來做，如果你不嘗試，就永遠學不會，也永遠無法進步。人不能總是眼高手低，要腳踏實地，一步一腳印。扎實向前，才不會跌跌撞撞。

學會遇到問題的時候，不是先想著抱怨、發牢騷。不要先糾結於為什麼，不要推卸責任，而是著眼於如何做才能最快、最好的解決問題。抱怨只會讓事情愈來愈糟糕。沒有人喜歡和一個充滿負能量的人交往，這只會讓別人更加對你反感。

學會在孤單寂寞、沒人陪伴的時候，找些事情來做。看看平時沒空看的書報雜誌，或是瀏覽一下國內外新聞以增長見識，哪怕是看一部有意義的電影來充實自己的內心，也好過單純為了打發時間排遣寂寞，在網上尋找所謂的存在感。

什麼是真正的「堅強」？在夜裡自己躲在被窩裡抱頭痛哭，第二天起來又和沒事人一樣照常學習、工作。打碎牙齒和血吞，所有酸水苦水都自己吞下肚，一個人默默承受，卻依然微笑著面對生活，積極樂觀的過每一天。

什麼是真正的「強大」？不是美若天仙或才貌雙全，不是「男人婆」也不是「假小子」，而是在悲傷、脆弱、失落和孤獨之後，迅速平靜內心，受到打擊遍體鱗傷之後，依舊保持內心的美好與溫暖。

不要總把自己當成高傲的公主，只懂得坐享其成。你羨慕那些擁有一個隨時可以依靠的堅實臂膀的女生，你說她們很幸運，她們是上天的寵兒。

可你卻忘了，這個世界上，沒有誰天生就是公主。水晶鞋和南瓜馬車都不是平白無故得到的。若不是灰姑娘任勞任怨、勤勤懇懇的態度感動了教母，她怎麼會有機會在麻雀變鳳凰般華麗的轉身之後，成功找到英俊的王子呢？

學會放下的練習❶

好好生活是一種超強的能力，

我們在「慢」裡能體會到一種關於尊重與品味的儀式。

——摘自本書〈你是在生活，還是在湊合？〉

我們可以試著這樣做：

1. 一切美好的事物，都是由很多溫暖的細節所累積。

2. 為生活創造儀式感，回到慢生活的節奏。

3. 在平凡重複的日子裡把生活過成一首詩。

listen

PART 2

他只是曾經喜歡你，不是真的愛你

一段愛情是否美好，
最有發言權的是享受和經營其中的兩個人，
旁人最多只是個觀眾，不可能是參與者。
我們不能對他人的愛情比手畫腳，
當她向你傾訴愛情裡的問題和煩惱時，聽著就行，
然後陪伴與安慰，適當給予些言語上的幫助就好。

08 你只顧拚盡全力去愛，卻忘了自己

「因為她比我年輕？」唯唯泣不成聲。

「不，和年齡無關，只是感覺對了。」

「那我們過去六年的感情算什麼？難道還比不上你們幾十天的相處？」

「可……這幾十天的快樂，卻比我們在一起六年的時間還要多！」

聽到男朋友如此殘酷的答案，唯唯幾乎崩潰了。

唯唯曾是我們眼中「別人家的女孩」——名校畢業，留美博士；目前在一家國際教育機構工作；膚白貌美，就是「白富美」的代表；最重要的是，她有一個交往六年，還對她非常好的男朋友。可是這樣優秀的她，依然走上分手一路？

她說，「我就是不明白，明明我們還有感情，可為什麼還是分開了。」安靜的咖啡店裡，她輕輕轉著茶杯，回憶著他們之間的點點滴滴。

他們結識於一次高校籃球賽，唯唯是啦啦隊隊長。眼看就要輸球，卻在最後一分鐘，一個帥氣的三分球力挽狂瀾，而那位逆轉勝的球員成為校園明星。在那一瞬間，她怦然心動，並讓他在她生命中最好的歲月裡待了六年。

後來，唯唯才知道，那是他發揮最好的一次，因為他知道當時唯唯在看台上。

「你說緣分是不是很奇妙？恰好在我心動的時候，他也恰好喜歡我。」唯唯苦笑，「可是，現在……」說著說著，眼眶又泛淚。

「人類原始的愛都源自彼此吸引，同樣也結束於某一方失去吸引力！」你瞧，愛情就是這樣任性！既沒有邏輯，也不講道理。也許只是在某一瞬間，你突然心動，暗暗喜歡了一個人。可是，生活畢竟不是電視劇，每天哪有那麼多的新鮮事，時時刻刻撩撥你的心弦。

當你習慣了另一個人的存在，習慣了他每天固定的擠牙膏模式，習慣了他的同一件襯衫，習慣了與他在一起日復一日的生活。他在你的生活中，已經從輕奢侈品變成了日用品。你會慢慢發現：哦，他原來如此普通，普通到讓你再也提不起絲毫興趣！

埋葬愛情的，從來不是第三者，而是時間。在漫長的時光裡，最初那輪懸在你心口上，神一般存在的皎白月光，竟漸漸變成嘴角的白飯粒。消磨的不僅是你的新鮮度，還有那個最初讓他怦然心動的原動力。所以，即便不是她，也會是別人，分開也是遲早的事。不是在這個路口，就是在下個拐彎處。

「你說的很有道理！」她沉吟了一下，「說什麼感覺對了的鬼話，明明就是他喜新厭舊，對我失去了興趣！」

接著，唯唯又說：「可是所有的戀情都是這樣！沒有一對戀人一直處於熱戀期。生活本來如此，哪有人能永遠保持新鮮感？」

和大多數失戀的人一樣，當感情發展到這一步，除了不甘心，還存有最後一絲幻想。幻想從別人那裡獲取能夠讓他回心轉意的靈丹妙藥。委曲求全的愛，就像你扔掉的童年舊衣服，即使再留戀，卻也穿不上了。你要來何用？

* * * * *

我的朋友蓁是名針灸師，既不出色，也不特別美麗。是那種無論你從男人還是女人的眼光看，都屬於那種人群中不起眼，安靜平凡的人。她的老公事業有成，兩人青梅竹馬。我半開玩笑問她，認識了那麼多年，為何還像戀人一般，把生活過成了詩。

「其實，一開始，他並不是這樣。」蓁微微一笑，極具感染力的笑讓她格外迷人。公司剛起步的時候，遇上經濟不景氣。那時，他脾氣壞，常在家裡發飆暴怒。

等公司上軌道後，她老公又出了狀況：先是晚歸，接著是夜不歸宿；藉口永遠是加班、應酬。回家後，就開始不斷嫌棄：嫌棄她乏味、無趣；只會跟他談孩子、談吃喝拉撒、談電視劇，甚至連酒櫃裡放的紅酒品牌都不知道，更別說那些高雅的油畫、音樂會之類。偶爾交流，就像下屬向他匯報工作。

後來，她從別人那裡知道，她老公認識了一個女大學生，花朵一樣鮮活，有知識、有層次，能和他談古論今，談高雅、談藝術。

聽到這裡，我不得不說，蓁是個聰慧大氣的女人。

大多數男人就像是長不大的孩子，永遠貪戀新鮮，從不滿足。任何跨越年齡的情感，都不過是貪圖新鮮感，貪圖那份曾經悸動過的青春。

好女人不僅是賢妻良母，還要學會照顧好自己。

於是，蓁重新拾起以前的夢想，拿起手中的筆，還參加了攝影班。閒暇時，她常帶孩子一路遊山玩水，美文配美圖。字裡行間流動的那份空靈和灑脫，讓她很快成了微博上的時尚達人，愈來愈有氣質。漸漸地，很多人專門邀她直播如何時尚裝扮，邀請她參加各種攝影展。

後來，一組她和女兒旅行的親子照爆紅，她老公才忽然驚覺，原來他的妻子是如此耀眼：不僅才氣逼人，還氣質出眾；懂生活、懂時尚，還能把日子過成詩。於是，他跟蓁開誠布公的長談，徹底告別之前的荒唐生活，成為別人眼中最幸福的老公。

「不是你愛得愈用力，就會愈幸福。他需要時時關注，但不需要牢牢綁緊。適當給他動力，但不需要全程開足馬力。不然，只會兩敗俱傷！」我把蓁這段話送給唯唯。

這回，她幡然醒悟，陷入了沉思。一段失敗的愛情，不是你不夠好，而是你只顧拚盡全力去愛，卻忘了自己。最好的愛情是，照顧好自己，照顧好家。

09 找到你生命中那朵小王子的玫瑰

我關注的一個公眾號發布了一篇文章，寫著：「在這個世界上，所有肉身的需求是一樣的，肉身本身的欲望沒有高低之別。而電影是對生活的提煉，讓我們透過別人的生活來照見自己。」

我一直都在想：為什麼讀書、健身、看電影這些活動會被視為是小資族的標準配備？這並非沒有道理，因為當人們滿足基本需求後，自然就會出現一些「心」的問題，其中最重要的就是空虛。

不管是讀書、健身、看電影，這些都是我們審視自己內心後的某些自我補償。在過去很長的一段時間裡，我們不敢輕易放縱自己去享樂，甚至覺得《論語》中所闡釋的「一簞食，一瓢飲」，才是真君子的生活姿態。

這真的是一種誤讀。並非每個人都要過著簞食瓢飲的生活。生活的本質應當是千姿百態，每個人都能在自己期待的領域找到幸福。

我想，我們嚮往的是一種高質感的生活，就是各安天命，每個人都能找到自己獨有的生活方式，它一定如春風般和煦。真正的美好，也絕不會束縛人前進的腳步。

修煉的最終目的，就是把生活還給生活，讓自己做自己。審視自己的內心，審視自己的生活節奏，產生精神上的需求。

就像「我愛你」，就有著千百種不同的面貌。

我就曾經看過一個有趣的說法，在一場關於日本文化的講座中，提到日本人要講「我愛你」時，並不直接說出口，而是以「今晚的月亮很美，你也是」這樣含蓄的方式表白，這句話，也成為他們標準的告白詞。

金庸武俠小說《神鵰俠侶》裡，小龍女與楊過的愛情故事最為膾炙人口，雖然我對書中很多細節都已經印象模糊了，但是回想其中某些片段的時候，我卻始終記得小龍女在跳崖前，刻在石碑上的那句話以及書中強調的「楊」字。

在面對摯愛的離開，即使楊過當時在癲狂的情況下，仍清晰地向眾人解釋，為何能辨識出這些刻字是出自小龍女之手。因為小龍女每次寫「楊」這個字，都會寫成木「易」，而少了這一橫，竟成了他們彼此獨有的默契。

就因為少了一筆畫，讓我體察到他們彼此的心靈相通，讓我懂得金庸想透過這樣的小細節，寓含關於愛情的深意。

愛，不需要聲嘶力竭，只需要一個生活細節，就能輕而易舉擊潰內心的防線。

這些細節是彼此獨有的，是生活中零星的水花，但在生死離別前，卻成了心中的巨浪。

＊　＊　＊　＊　＊

我想起《小王子》書中的一句話：「正因為你為你的玫瑰花了時間，這才使得你的玫瑰變得如此重要。」

精神上的收穫，無價。因為無法標價，更總是令人奮不顧身。精神上的高貴，讓我們有別於地球上的其他物種；也是這樣的精神追求，讓短暫的生命無時無刻不在散發屬於我們自己的光輝。

有時候，我們並不知道自己在忙些什麼，彷彿一切都是為了生活，為了最簡單的目的——活下去。

可是，無形中，有些人會像花一樣散發芬芳，感染其他人。這點我們無法預知，也無須刻意追尋，那香味或許會永遠留在別人心裡。

我有個朋友曾經因為善良被人傷害時，我安慰她說：「你知道嗎？表面上是別人辜負了你，但是正因為你的存在，給世界增加了正能量，讓我們更有安全感，所以更多人才願意去做好人。不是因為別人的要求，而是遵從內心的本真。」

當我們用認真的姿態對待每個生活細節時，實際上是尊重我們自己。

不管處境如何，我們都是自己的觀眾，我們一生都需要對自己忠誠。就像一個懂得自我約束的人必然會有底線，這樣的底線，既來源於外界，更需要來自內心。

那些溫暖人心的故事，向來都是從人的本身出發，教我們過好自己的生活，我們才有機會去改變世界。生活的儀式和我們的精神世界連接時，我們才有了種種高尚的、澎湃的、善良的情感。在這樣的情感裡，才能感知到我們是在生活，而不僅僅是為了活著而活著。

不要去嘲笑那些遵守規則的人，當夢想與強大的現實相遇，只有那些豐潤細膩又純粹精緻的人，才能在這個世界擁有更高的辨識度。

10 為什麼情話永遠動聽？

「我不能不握緊我的劍，如果我不握緊我的劍，我就沒有辦法保護你。可是一旦握緊我的劍，我就沒有辦法抱緊你。」這是我曾在雜誌上看到的一段話，竟讓我記了很久很久。

之前，我身邊也發生一個很感人的故事：外婆離開人世的那個黃昏，外公在病房裡陪伴著青梅竹馬的外婆，走完了生命的最後一段旅程。外婆臨終前對外公說：「放學了。」外表一直看似平靜的外公聽完這句話後，竟像個孩子似的大哭起來。喪禮結束後，我問起外公這三個字的含義，他告訴我，這是外婆上小學時常對外公說的一句話：「放學了，我們一起回家吧！」

原來普通的語言，因為被放在一個特殊的情境裡，居然擁有如此動人心魄的力量。

* * * * *

王小波在《愛你就像愛生命》中，也寫過很多情話：

做夢也想不到我會把信寫在五線譜上吧？五線譜是偶然得來的，你也是偶然來的。不過我給你的信值得寫在五線譜裡呢！

但願我和你，是一首唱不完的歌。真的，我那麼愛你，你是個可愛的女孩子，男孩子都喜歡的女孩子，可是誰也沒有我喜歡你這麼厲害，我現在就很高興，因為你又好喜歡我，希望我高興，有什麼事情也喜歡說來給我聽，我和你就好像兩個小孩，圍著一個神秘的果醬罐，一點一點地嘗它，看看裡面有多甜。

靜下來想你，覺得一切都美好得不可思議。以前我不知道愛情這麼美好，愛到深處這麼美好。真不想讓任何人來管我們。誰也管不著，和誰都無關。告訴你，一想到你，我這張醜臉上就泛起微笑。

我會不愛你嗎？不愛你？不會。愛你就像愛生命。我真不知怎麼才能和你親近起來，你好像是一個可望而不可即的目標，我琢磨不透，追也追不上，就坐下哭了起來。

每個人的人生都有充滿戲劇性的時刻，情話動人的力量，在於它們與這個世界的共鳴。不管面對多麼庸俗的場景，不管一個人內心有多少尖銳的東西，不管他用什麼樣的語言批評這個世界，不管他用什麼樣的偽裝掩飾自己，只要他還願意為理想主義而流淚，還能為某些語言感動，他對這個世界就仍舊是深情的。

我有個朋友曾對我說：「有時候我覺得，語言就是思想本身。」是啊，當語言和愛的儀式共鳴時，我們馬上就會身臨其境，體悟到作者想要傳遞給我們的那份情感。

當我們融入這份看似庸俗的感動，試著去接納這個世界時，我們的領悟是如此童真。最美的風景，就是過盡千帆之後，仍然願意相信生活和愛本身比一切更重要。

我想，情話動人的力量，也是因為它用語言鐫刻了關於愛的尊嚴。戲劇是生活的比喻，即使我們愛過又忘記，在我們聽到情話的那一刻，還是會猝不及防的濕了眼角。

11

我想要的，你根本不當回事

一個網友寫下自己的故事，讓我看了唏噓不已。

她是這麼寫的：「我老公是世界五百大企業的高階主管，我們三年前結婚，一直沒有孩子。他每天的工作就是不停來往於世界各地，收發郵件，接待客戶，安排工作。我們三個月能見一次面，有次還是在巴黎的機場，所以，我選擇和老公離婚。因為離婚了，我還有錢；而結婚時，我的狀態和沒老公差不多。」

許多網友紛紛留言，有人說，她老公是如此優秀的青年，沒有不良嗜好、勤奮上進，無非就是工作忙一點，為什麼就不能體諒他暫時的忙碌，再給他一次機會呢？

她回覆，並不是自己不給老公機會，而是經過了三年的時間相處，她明白了，她想要的，他根本給不了。

她接著解釋，其實他們已經有兩間房子，又給雙方家長各買了一間房子，如果只需要滿足日常生活，他們的存款與收入是足夠的。但她老公渴望的東西，是金錢帶來的優越感，以及掌控資源帶來的快樂，他在賺錢的過程中，緩解了自己的焦慮，即使離開目前這家公司，下一家公司也會是和現在同性質的工作內容。也就是說，他永遠給不了她想過的普通生活。

她婚前想像中的家庭生活，至少要有工作緩衝期，一家人至少每天可以坐在一起吃頓晚飯，增進家庭關係，加深相互了解。而現在的這種狀態，一點也不像有「家」的樣子。

很多人都把「家」變成搭伙過日子的地方。我不只一次聽人說過，家無非就是個睡覺的地方，除此以外沒有什麼太深刻的感覺。反正就是晚上回到家睡個覺，第二天再起來上班。

愈來愈多的人，呈現出對家的疲態。他們的家庭生活已經缺失真誠的初心。雖然他們對自己過度保護或是過度放縱欲望，但是封閉自己的內心，不敢接受任何親密關係，常常是因為缺乏全身心投入的能力，以及完全交付出自己的勇氣。

愈是這樣，他們就愈能在那種缺愛的社會關係裡，證明人與人之間是冷漠的、無常的，缺乏信任基礎的。而這種認知，會慢慢變成內心的黑洞和無法解脫的惡性循環。

* * * * *

還有一個網友說，她努力了很多年，終於可以過遠離原生家庭的獨立生活，可是她發現自己還是不快樂，那種孤單和迷茫常常會如影隨形。直到她生孩子前，情緒突然崩潰了，出現嚴重的心理問題。

我想，我們都應該去補課，愛的能力和愛的技術並不是社會關係，更不是血緣關係中天生就帶給我們的。

有人說，不理解好萊塢電影裡，為什麼總是把解決一切危機的答案，都牽強的解釋為「愛」。彷彿只要有愛，所有問題都能迎刃而解。我想，那是因為「愛」，是我們每個人最後的去處和心靈獲得救贖的唯一歸途。

不管是電影裡，還是生活中，懂得愛的人，可能看起來傻傻的。因為他們總是能身心全然的投入，能在每一場用心的情感交換中，強化這種愛的真諦。

在每一場人與人「愛的互動」裡，千萬不要對他人的心意不屑一顧。所有愛的儀式，都需要我們用想像去嚮往，需要我們用浪漫和真誠，去理解對方想要傳遞給我們的——獨特的珍貴心意。

有車有房，女友還要分手的眞相

12

曾看到網路上討論一個經典問題：為什麼你有車有房，還是找不到對象？

剛看到標題的時候，我以為又是關於人要有高情商的說教文，但打開點擊率最高的一個回答，卻是一位網友的慘痛經歷。

男主角是個社會菁英，大學時代就是學生會主席，品學兼優，是校園的風雲人物。畢業後順理成章的留在大城市發展，在職場上學會一些八面玲瓏的應對技巧，加上自己長袖善舞的性格和尋找客戶的業務能力，很快就賺到買房子的頭款。

在大城市買房定居後，一直為工作打拚的他覺得，自己可以好好考慮成家了。透過朋友介紹，他認識了目前的女朋友，談了一年多戀愛，女方卻堅決要分手。

所有人都對這個結果感到費解，因為不管從哪方面看，他都是一個條件優秀、上進的青年，他們兩人的故事明明就像是王子和公主一般，為何沒辦法成為童話故事中，「從此過著幸福快樂的日子」？

網友們紛紛在這故事下留言，猜測各種女方要求分手的原因。後來男主角自己出來解釋，告訴大家說，女方嫌他沒有情趣。他說，女方分手時說，他確實是社會上普遍認為的人生勝利組，雖然「看起來很美」，卻沒有一點真正的活力。

他喝酒，只是為了應酬；他吃飯，只是為了飽腹；甚至他陪女朋友逛街，也只是為了完成任務。這樣制式的人生，你看不出他真正喜歡什麼，對什麼有熱情。用他女朋友的話來說，他只是一個被社會標準綁架的人，所有的一切都只為目的，不需要過程。

我想，這就是兩性書中提到感情常說的那句老話——如人飲水，冷暖自知。

換作是我，也不會想要和這樣的人在一起。你不清楚他真正喜歡什麼，會為什麼動情，會為什麼駐足，當他送花的時候，是因為別人都送，當他請你看電影的時候，也是因為大家都在看。

他的女友說，縱使大多數情侶都這麼做，但是只有自己才是生活中的主角，每對情侶都需要一點特別的心情和期待。

在有聲有色的人生裡，我們需要有取捨，有喜好，有期待，也有失控。我們需要為了一些東西而放棄另一些東西，而這些可以被統稱為「活力」。

後來，那個男生一直在留言區更新動態。這次的打擊似乎讓他明白了一些生活道理，他辭掉工作，學了插花、茶藝、徒步旅行，過一種和原來完全不一樣的生活。

在留言的最後，他終於明白了：原來，社會期待的人生並非不值得過，而是那始終只是外在的表現形式，熱愛生活的每個細節才是生活的本質。

＊　＊　＊　＊　＊

我曾在一本書中看到一項心理測試：有個女孩問媽媽，如果有三個男人同時追求你，一個每天送你花，一個每天請你吃飯，一個什麼也不做，只是偶爾下班接你回家，你會選擇哪一位當愛人呢？

她媽媽答：「若是選擇愛人嗎？那我選送花的。」

女孩接著問：「如果這三點集中於一個人身上，並且你們已經結婚了，你希望他去掉哪一項？」

媽媽想了一想：「那我選不要送花。」

女孩接著又問：「如果還要去掉一項，你的選擇是什麼？」

媽媽又想了想，刪掉了請吃飯的選項。

女孩傷感的說：「媽媽，你選擇了第三個人。」

當我第一次看到這個故事時，想到的是，在面對生活時，我們每個人都必須跟現實妥協。

當我成為妻子後，再回頭看這個故事時才領悟，我們的生活是那麼無味，似乎一直在和那個留言區裡的男人一樣，用一種慣性活著。太多書教我們人生不要做出錯誤選擇，以至於我們都快要為了活著而活著，習慣在苛待自我的無味生活中，才能感覺到某種踏實和安全。

13 那些愛玩電動、不務正業的男人們

有個女網友在公眾號留言給我，說她男朋友每天就只知道玩電動，什麼事都不管，也不洗澡不出門，鬍鬚都包住下巴了也不刮一下，說他兩句還發火。

她問我怎麼辦，生怕男友這樣繼續下去會被毀了。

我簡單回覆訊息說，請你關注一下明天的文章，我會講一個自己遇到的真實故事，關於一個玩電動、不務正業的男人。

然後，我就寫了這篇文章：

我家社區對面新開了家麻辣燙店，對於我這個喜歡吃麻辣燙的人來說，可真是有口福。

店面很小，就四張桌子，但裝修得很

溫馨，牆面上還有奧黛麗．赫本的照片以及一些經典電影劇照。

我點了一份麻辣燙，男老闆忙前忙後幫我煮，女老闆一邊收錢一邊和我聊天。他們是對年輕的情侶，剛到這附近新開店，生意還不是很好，我在店裡待了差不多快半個小時，也沒看到有下一個顧客進來。心裡想，他們要經營下去還真是不容易。

不過，他們賣的麻辣燙很好吃，比我在其他地方吃的都要好。

過了一星期左右，我又去這家店裡吃麻辣燙，這次一進門，我就不太開心。滿屋子的菸味，男老闆一邊抽菸一邊玩電動，四張餐桌中的一張也被他放了台電腦桌機。女老闆跑前跑後地忙著，男老闆不動如山。

在我吃東西的那段時間，男老闆的眼睛除了點第二根香菸，瞄了一眼，就沒再離開過電腦螢幕，整個店裡一直迴盪著他狂按滑鼠的聲音。這聲音之「悅耳」讓我吃東西時候都噤聲，不好意思發出半點聲音，就怕打擾到他。

女老闆坐在一邊，無奈地看看有沒有過路客，又無奈地看看玩遊戲的男老闆。

我匆匆吃完後，心裡覺得很不舒服。

一個男人就應該要有一個男人的樣子，尤其有了女朋友後，如果只顧自己享樂就別拖累人家。像男老闆這種人，應該單身才對。

之後，我每次下班路過麻辣燙店，都會忍不住往裡頭多看幾眼，每次我都能看到正一邊抽菸一邊盯著電腦螢幕玩電動的男老闆，還有坐在他旁邊一手撐著腦袋表情哀傷的女老闆。

他們的生意愈來愈糟糕，我好幾次路過都看不到裡面有顧客。

後來我又去了幾次，男老闆依舊玩電動、抽菸，滿屋子二手菸，女老闆仍舊一臉哀愁，無精打采地給我拿碗筷。

某天，我下班的時候又路過那家麻辣燙店，還沒走近，就看到店門口圍了一群人。嗯，裡面有人在吵架。

遠遠就聽見女老闆哇哇大哭：「你就知道玩遊戲，天天都在玩，生意都不管，才會虧得一塌糊塗！」

男老闆理直氣壯：「我玩玩電動怎麼了？開店的錢全是我家裡付的，你一毛錢都沒有出，只是出出力氣怎麼了……」

女老闆應該是忍得太久，整個情緒大爆炸：「我不陪你玩了，和你的電動一起去過日子吧！」然後就轉身離開，沒有回頭。

我在心裡暗暗為女老闆加油鼓掌。

第二天，麻辣燙店就關門了，門口掛上「轉讓」的牌子。至今快兩個月了，牌子依舊掛著。有次我路過，好奇地往裡面瞄了一眼，看到男老闆還是緊盯著電腦狂按滑鼠。

* * * * *

我相信，發明電動的人有很多初衷，但讓玩家上癮到不工作絕對不是其中之一。

我曾經和一個遊戲開發商聊天，他告訴我，電動存在的意義是為了給人們的生活增加一種娛樂方式，而不是改變生活。

有些人沉迷電動時有所聞，但上癮到接近病態的地步，甚至嚴重影響生活，那恐怕要好好檢視一番。這些人一定要明白，不管在那個虛擬世界裡你有多好的裝備，級別有多高，都不能填飽肚子。

我不反對玩電動，畢竟現在生活壓力那麼大，需要放鬆是基本需求，但不能玩過頭，甚至影響正常工作與生活。天天玩電動、不正常生活是種浪費生命的表現，這無異於慢性自殺。像男老闆那種上癮程度，已經是「病入膏肓」，得去看醫生，身邊的人已經救不了他。

所以，在公眾號留言的女網友，我想告訴你的是，好好勸勸你男朋友，打電動吃不飽的，還是做正事要緊，如果他不聽，依舊那麼任性，如果你不想看到他變成男老闆那個樣子的話，就和他分手吧！

14 眞愛，是尊重另一半的習慣

生活中有很多這樣的人：他們並非不想「愛人」，只是不懂得怎麼「愛人」。平時，我們習慣將愛情放在口袋裡，以為高喊幾句「山無稜，天地合，乃敢與君絕」就能長相廝守。

殊不知，放在口袋裡的愛情，也要食人間煙火。

想從平凡的愛情中收穫幸福，我們就必須把愛情置於空氣中、陽光下，把它當作一棵小樹苗，按時澆水，適當施肥，悉心照料，全心呵護。如此，假以時日，愛情才能成長為一棵參天大樹，結出豐碩甜蜜的果實，供我們品嘗。

而兩個人的相處，最重要的就是尊重

和理解。

每個人都有自己的偏好和習慣，而這些習慣有時候無關對錯，只是屬於他們私有的儀式感。我常常看到有些人反覆糾正另一半的行為，大到家庭決定，小到一條毛巾的擺放，鉅細靡遺，都必須按照自己的標準，不能偏差。

其實，儀式感並非強迫症，它只是生活的點綴，是每個人對自己愛好透澈的鑽研和敬畏。這是一種主動的行為，主動權掌握在自己手裡，是一種符合我們內心需求的選擇。

在愛情裡，真正懂得經營，是彼此取暖卻又不需要離得太近，只有這樣，才能讓愛情之花永遠綻放。

* * * * *

當雙方都能將愛情和婚姻視為一門大事業時，兩個人自然會想要去好好經營它，讓它在彼此的經營中茁壯成長。

在經營的過程中，尊重另一半在他愛好裡的自由，就不會想著去埋怨對方，把問題歸咎在另一方身上，而是彼此努力去找出解決問題的辦法，讓愛情和婚姻長久的繼續下去，光彩永駐。

三毛在最後的遺稿中，書寫了她與丈夫荷西在大西洋小島上過的日子：「……那時，經濟情況拮据，丈夫失業快一年了。我在家中種菜，屋子裡插的是一人高的枯枝和芒草，那種東西，藝術品味高，並不差的，我不買花……」

因為經濟拮据，荷西買了一束百合，被她罵了他一頓。

丈夫死後，她一個人買了一大捧百合，鋪滿了屋子，紀念他們的愛情。

我們不必羨慕他人感情的天長地久，也不必感嘆自己感情的支離破碎，我們要做的唯有「珍惜眼前人」，像經營事業一樣去經營這段愛情，讓它能平穩地度過一切風風雨雨，順利抵達幸福快樂的彼岸。

15

一個聰明的女人，不渴望擁有完美的戀人

我有個朋友「梅梅」長得非常好看，長髮、細腿，身材凹凸有致，用流行的話說，就是「非常漂亮的小姐姐」。

因為外貌所帶來的各種誇讚，梅梅相當享受。用她自己的話說：「我長得好看，喜歡我的人很多這很正常，我不能只經歷一個男人，我想享受各種不同的愛情。」

梅梅的確談過很多次戀愛，我們每隔一週或十天聚會一次，大多數時候，她帶出來的男朋友都不是同一個人。

用世俗的眼光來看，那些男人是帥氣的，符合大眾眼光，但他們與梅梅之間的感情，外人看來卻很微妙。從他們的歡笑中，我看不到其他情侶眼中的那種「我很

在乎你，你對我很重要」的溫柔，更多的是一種逢場作戲的假惺惺。

這樣的梅梅，真的幸福嗎？或許只有在深夜裡，望著窗外璀璨的夜景與自己內心對話的時候，她才知道。

* * * * *

恆久，在這樣的速食時代裡，似乎成為一個笑話。

清朝的詞人納蘭容若曾寫下「一生一代一雙人，怎叫兩處銷魂」，雖然不被當下的愛情所推崇，現下反而成了文青們引用以標榜自己的金句。

珍惜、守候，都被匆忙的步伐沖散，愈來愈快、愈來愈短暫的戀愛，讓我們感到更深重的孤獨。

「金無足赤，人無完人。」沒有十全十美的事物，也沒有人是完美。

真正聰明的姑娘，不渴望擁有完美的戀人，而是渴望擁有一段彼此慎重對待的關係。只要對方人品優秀，那些無傷大雅的小毛病，並不是我們輕率放棄對方的理由。歸根究柢，還是因為我們對待愛情看似慎重，而實則輕率。

現在的戀愛講究速食，那麼輕易地說出分手，就是因為我們需要沒有缺點的完美幻想，當幻想逐漸消退，就再也承受不起那點落差。這一切，都是因為我們不想承受自己該負擔的那分重量，不想面對生活的砥礪，而幻想有一個完美的人來解決我們本應自己去面對的問題。

梅梅的問題，幾乎已經成為一個時代的問題與現象。該如何解決，值得我們每個人思考。當我們為別人的情感感動，卻不能真正觀照自己。**真正完美的戀人是不存在的，用速食的方式也不可能解決所有感情問題。**好的感情，都藏在細水長流的生活裡。

這些因速度而產生的愛情問題，都需要緩慢治療。需要我們投入更多的時間和精力，細心地經營這段關係，或許才能找到所謂的「真愛」。

16 他只是曾經喜歡你，不是眞的愛你

小希和她的男朋友很恩愛，即使不在同一所大學念書，感情也很穩固，更沒鬧過什麼彆扭。直到大學畢業，我們都以為他們會步入結婚禮堂，結婚生子，白頭偕老。結果，兩人卻分手了。

分手原因是所有言情小說和肥皂劇裡都會出現的情節：劈腿。

最具戲劇性的情節是，小希男友劈腿的對象不是陌生人，而是小希的閨密，從小玩到大的手帕交、好姐妹。所以，小希的傷心和難過，實在難以用言語形容。

換作旁人，傷心一段時間就好了，還是得繼續生活，就當自己當時瞎了眼，愛錯了人，看錯了人，世界上那麼多人，真

要再尋找一個靈魂伴侶也不是件太難的事。

但小希的作法卻超乎我們想像，她居然又去找前男友。趁他下班時堵在公司樓下，對他說：「我不怪你，就當你犯了一次錯，我想和你復合。」

前男友一臉茫然和難以置信，正不知所措的時候，他的新歡——小希的閨密突然出現了。

而小希竟然上前去拉住閨密的手，像什麼事也沒發生過一樣說說笑笑。她想把這段時間發生的事情，當成感情路上的一段小插曲，裝沒事就過去了。

但這只是她的一廂情願，前男友和閨密一句話也沒說，像被嚇傻了一般，兩人牽著手跑開了，留下小希像個傻子一樣站在原地。

我們幾個朋友聽說小希這件事後，都驚訝地騷動起來，任誰都難以理解小希的心裡到底在想什麼，難道這個世界上沒有別的男人嗎？

面對我們在微信群裡的七嘴八舌，小希只安靜地發了一句話：「你們說的這些我都懂，可我就是忘不了他。在一起這麼多年了，怎麼能輕易抹去呢？」

＊　＊　＊　＊　＊

再說個故事，彤彤上大一那年，在ＱＱ上和另一個城市的男生網戀。

彤彤像是著魔一般，即使現實中從沒有任何的接觸，她還是愛得死去活來。

她花了將近一個月的生活費，買張機票去男生住的城市看他，本來約好的時間，足足等了一個小時，對方才姍姍來遲。

男生並沒有彤彤所想像的那麼熱情，她在他的城市待了三天，城市裡的大部分景點也都逛遍，但他始終連彤彤的手都沒有碰過。

敏感的彤彤覺得這裡面肯定有問題，就問網友，是不是不喜歡自己。男生也挺乾脆的：「不是不喜歡你，其實我有女朋友。」

彤彤回去後攤在床上整整一星期，振作後第一件事情，竟然是打電話給那個男生說：「沒事的，我等你，等你分手。」

不到一個月後，這男生對她說：「我已經跟女友分手了。」

彤彤說：「那我們在一起吧！」

這個故事到這裡就結束了，沒有然後呢？我也不知道後來發生了什麼，但不難想像，彤彤八成會受傷，且不只一次，那個男生即使和彤彤在一起，不知道還會同時和多少無辜的小女生繼續勾三搭四。

＊　＊　＊　＊　＊

天下的愛情千萬種，卻又萬變不離其宗：你愛我我不愛你，我愛你你不愛我，A喜歡B，B喜歡C，C可能又在和A甚至D勾搭。

剪不斷，理還亂，有時候線頭卻又是那麼清晰。

在很多愛情裡，當局者迷，但我們局外人總能一眼看穿：這女生很不錯，但這男生很渣。然後在心裡想：「要是我，早把這男生甩了。」但當事人卻對男生萬般愛慕，一次次原諒，一次次包容。

有句老生常談的話不就說了：「感情的事情，誰能說得清楚？也就只有那對男女能明白了。」

這世界上的笨蛋還是少的；因為一個人是好是壞，不需要過多的揣測，相處三五次就能看得出來。在感情的世界裡也是一樣，只是這世上的女人大都癡情，她們的愛比男人要長久，也要深情。所以，才會有「好女人」這麼一個美麗的詞來形容她們。

一段愛情是否美好，最有發言權的是享受和經營其中的兩個人，旁人最多只是個觀眾，不可能是參與者。我們不能對他人的愛情指手畫腳，當她向你傾訴愛情裡的問題和煩惱時，聽著就行，然後陪伴與安慰，適當給予言語上的幫助就好。

學會放下的練習 ❷

好的愛情是，照顧好自己，照顧好家。

不要拚盡全力去愛，卻忘了自己。

——摘自本書〈你只顧拚盡全力去愛，卻忘了自己〉

我們可以試著這樣做：

1. 在有聲有色的人生裡，我們需要有取捨，有喜好，有期待。

2. 觸碰自己內心的柔軟處，找到我們因成長而日漸失真的內心。

Happiness

PART 3

你活著的姿態，牽動著你的幸福狀態

生活中實在有太多太多的事，
發生前毫無預兆，結束後無跡可尋，
就像一條沒有源頭、沒有去向的河流。
我們對生活充滿焦慮，於是我們的人生只剩下一種姿態，
就是拚命壓榨自己，換取未知的安全感。

17 別人看不見時的自律，才是眞正的自律

妹妹的幾個室友每天都喊著要減肥，但是辦了健身房的會員卡之後，卻一次都沒去。每天多吃一點東西，就在宿舍裡怨聲載道，生怕自己因此胖了一公斤，每天在吃多、吃少這件事上消耗大量精力，日子過得毫無品質可言。

我見過很多成年人，對孩子要求很多，自己卻完全不自律。像是我的一位同事和她老公兩個人，無時無刻不在黏著那支手機玩電動，還不忘一邊教訓小孩，在他們身邊認真寫作業。一個學期下來，每天這樣逼迫孩子竟然毫無效果，成績不升反降，比上一個學期更差。

* * * * *

曾經在網上看過一則酗酒家暴的案例，有個男人每次酒醉後都會對老婆拳打腳踢，等他酒醒看到被毆打的老婆，總是非常後悔、痛哭流涕，甚至跪在老婆面前，打自己耳光賠罪，發誓自己一定會痛改前非。當然，他老婆每次都會原諒，而他自己則是一次又一次的故態復萌。

其實，在家庭、成長和自我管理的人生裡，人內心真正要面對的監督人是自己。就像減肥的人需要克制食量，玩手機的夫妻藉由監督孩子的成績來對自己進行心理撫慰，喝酒的男人透過傷心落淚的表演來獲得妻子原諒……只是他們心裡究竟明不明白自己的問題呢？

我相信，他們內心深處一定知道問題所在，但是意志力一次次敗給了自己的欲望，他們不能控制自己，所以才向外界尋求安慰，從外界的慰藉之中得到一種「我想要改」或是「我正在改」的假象。

對他們而言，每次放縱自己只是他們要改過自新的起點，過不了多久，他們就會發現強迫自己比放縱自己要痛苦百倍。於是內心就會像違反交通規則的人一樣自我安慰，偶爾這樣沒關係吧，像是「我只是多喝一兩口酒，怎麼就變成酗酒呢？」

唯一不同的是，他們還有自我改正和自律的機會，而拿生命開玩笑的人，人生就此關機，永遠也無法重啟。

＊　＊　＊　＊　＊

不知道這些人有沒有想過，在本質上，「放縱自己」和「慢性自殺」又有什麼區別呢？雖然很多行為不會致命，但是這樣的不自律，從某種程度上已經損害到生命的質量。

我們終究還是要面對自己。每個人從誕生的那天起就是獨立的個體，我們在塵世中唯一的責任人就是「自己」。我們沒辦法決定出身、家庭、長相等外在條件，但我們可以決定自己想要成為什麼樣的人。

社群軟體上常見一句話：「你不要只看到別人表面上的光鮮亮麗，就開始怨天尤人，抱怨這個社會多麼不公，你要知道，在你看不見的地方，別人到底默默地付出了多少努力。」是的，在人生的成長過程中，要排除世界的干擾，摒棄某些無用信息，放棄某些看起來很美的東西，都需要消耗我們莫大的勇氣和意志力。

德國哲學家叔本華曾經說過一句話：「要嘛庸俗，要嘛孤獨。」是啊，生活永遠都不能變成電視劇，真實是它唯一的特性。很多時候，我們的努力、自律，都發生在別人看不見的地方。甚至你會發現，很多時候我們的起點是別人的終點。但和減肥、學習、生活一樣，只要我們今天開始做了，明天就不會更差。

很多我佩服的人都曾告訴過我，在生活這堂課裡，老實人有老實人的福氣，因為你面對生活能誠實自律，生活就一定會回饋給你一些慷慨的禮物。

18 不要在最好的年紀活得最廉價

朋友打電話給我，說他活得很痛苦，每天都陷入一種巨大的罪惡感之中。

我問緣由，他說：「我罪惡感的來源，全都是因為父母親。」在他父母的生活裡，「節省」才是王道。

說穿了，這是一種長期被貧困支配的極度恐懼，除了基本的生存需求，他幾乎都不能在父母面前提一些其他額外的喜好要求。父母的嚴苛，令他覺得生存之外的一切需求，都是極大的罪惡。

在這樣的潛移默化下，他的性格受到極大影響。他說，父母的過度節省，在無形中影響了自己的性格和心理，導致他面對外界時總會產生無形的自卑感。

他說，樸素節儉是一種美德，可是在他身上卻造成一種傷害。

我們上一輩的父母，很多明明都生活條件不算差，卻一直苛待自己。明明手中還有餘錢，食物過期了卻還是要吃，寧願傷害身體，花更多錢治病，也不願意「浪費」食物。

* * * * *

我見過最離譜的，是為了買幾斤便宜幾塊錢的白菜，居然坐兩個小時公車去另外一個菜市場買。

其實，節儉不是不好，但凡事都有兩面，過度節儉，就是過猶不及。

我們每個人或多或少都會受到原生家庭的影響，從童年起，父母的一言一行，都會影響、形塑孩子的人格。

對我們的父母而言，他們始終無法忘懷兒時關於食物貧乏和稀缺的記憶，以至於無法去思考他們這些行為與生活習慣，會帶給孩子多大的影響和問題。

很多時候，這樣的苛待會導致事情走上相反方向。正如我的朋友那樣，在他父母看不見的地方，他反而更加揮霍，而在浪費過後，又常常後悔。老是處在這樣的糾結中，導致他總是不快樂。

因為父母家教造成的自卑，糾纏著他的人生，遇到什麼事都不敢向前一步，甚至錯過了很多事業提升的機遇。我告訴他，要做一個真正的強者，他的勇氣與力量永遠來自他自己。

遠離身邊那些沒教養的人們

19

小李是我朋友，來北京快兩年，但依舊混得不怎麼樣，租了一間套房，過著朝九晚五的生活，不上班的日子也不太出門。

他曾經對我說過，平時覺得日子很難熬的最大原因是在於沒有朋友，雖然平時在公司嘻嘻哈哈，但回到租屋處後，無盡的孤寂感迎面襲來。他一直期望有一個關係不錯、什麼話都能說的朋友和他一起合租。這樣，日子再辛苦，工作再累，也沒什麼大不了的了。

所以，當他的小學死黨小振說要來北京發展時，他特別高興，在電話裡激動的說：「你來先住我這兒，等找到工作，我們再換大一點的房子合租。」

小李和小振是一起長大的，兩人小時候做遍了各種各樣頑皮的事，雖然已經很多年沒有相處，但兒時的那份情誼還是在的，而且非常深厚。但小振來之後發生的一些事，卻讓小李跌破眼鏡，他不知道自己的死黨什麼時候變成現在這個樣子。

＊　＊　＊　＊　＊

怎麼說呢？小振做的很多事情，在正常人看來都是不正常的。

因為旅途太過勞累，小振到的第一天在家裡休息。那天小李下班後給他發了好幾則訊息，問他醒了沒有，吃飯沒有，但小振一直不回，打電話也沒接。

後來小李回到家裡，卻看到小振一個人安靜的坐在電腦桌前玩電動。

小李問小振：「你吃過飯了嗎？」

小振說：「吃過了。」

小李有些生氣：「那你為什麼不回我訊息，也不接電話？」

小振平靜地說：「沒看見。」依舊目不轉睛的盯著電腦。

小李只好一個人出門吃飯，他不知道兒時無話不說的小振，為什麼會變成現在這個樣子，不愛搭理人，言談舉止看起來很沒有教養。

小振休息了半個月，他一直待在小李的套房裡，霸占了小李的電腦和電腦桌，看電影、玩電動，從不主動說句話，性格孤僻到讓人難受。小李不只一次對我們說過，回家和小振相處總讓他有種窒息的感覺。

小振自己在家的時候，都不會出去吃午飯，就等晚上和小李一起去吃。但他也從不主動開口問，每次都是小李問他吃了沒，他回沒有，然後一起出去吃。

這樣的情況持續了幾天，小李再也受不了，故意自己一個人在外吃飽才回去。進門的時候，小振依舊緊盯著電腦，小李問他：「我在外面吃過飯了，你吃了嗎？」

小振突然抬起頭來，一臉鄙夷的看著小李：「你吃飯為什麼不叫我？」

小李當時就無語了，對他說：「為什麼不管別人為你做什麼，你總是一副理所當然的樣子？難道是我欠你的不成？你有困難我幫助你，我不期望你報答，但別這樣行不行，好歹和我說句話，別給我臉色看好吧！」

小振瞪了小李一眼，繼續玩電動，一句話都沒說。

後來，小振就一個人出去吃飯，也從不叫小李了。小李難過了幾天，他想不到自己一心想幫忙的死黨居然會這樣對他。

我們幾個朋友都勸小李，這人太奇怪了，把他趕走吧！而且一副趾高氣揚、別人欠他的樣子，太不舒服了。

善良的小李搖搖頭：「再等等吧，他以前不是這樣的，可能剛來北京還不適應，需要點時間發洩一下，慢慢就好了。」

* * * * *

平時洗衣服，小振都只洗自己的，往洗衣機裡扔衣服時，從不問問小李是不是有需要洗的衣服。有次他往洗衣機裡放衣服，不小心拿了一件小李的，還立馬就拿出來放到一邊。

倒是小李，有次知道小振有衣服要洗，就順便和自己的一起扔進洗衣機，就出去辦事了。回來後發生的事情差點沒讓小李氣得大罵：小振發現洗衣機裡有衣服，就翻了翻，把自己的衣服晾好，至於小李的衣服則原封不動地留在洗衣機裡。

一個正常人怎麼會對幫助過自己的人做這種事情呢？哪怕只是兩個合租、不認識的人也不會做這種事吧，何況是一起長大的朋友。

小李把這件事告訴我們的時候，有個朋友當場拍桌子氣憤地說：「你這朋友怎麼會這樣！把他攆走，讓他自生自滅。」

小李嘆了口氣：「我對他已經死心了，雖然他從不和我說話，但我知道他開始找工作了，等他找到工作後就讓他走吧，以後朋友也做不成了。」

我說：「他又不是你女朋友，幹嘛這麼將就他？」

小李說：「他在北京人生地不熟，如果我不管，他就得去睡大街了。希望他能早點明白自己的處世行為，然後改變。」

朋友繼續問小李：「他來北京都半個多月了，什麼不適應、迷茫、心情不好這些早就過去了吧，你看他變了嗎？」

雖然我們都沒有明說，但小振在我們的心裡就是一個很不ＯＫ的人。

有次我去小李家拿東西，一進屋就看到丟了一地的瓜子殼。小振一邊盯著螢幕看電影，一邊不停的嗑著瓜子，隨手把瓜子殼往地上扔。

小李向他介紹我的時候，他一句話都不說，還是保持著看電影、嗑瓜子的姿勢一動也不動。我想起以前他對小李做的一些事，又看到了真實的他，心裡頓時升起一股厭惡感，拿了東西就趕緊走人。

小李送我出門，跟我說：「他平時就這樣，喜歡亂扔垃圾，還從不打掃環境衛生，放心，他很快就會走了。」

我說：「你這朋友一點禮貌都沒有，如果我是你，早就把他轟走了，也只有你這個大好人才這麼將就他！」

小李說：「我早就受不了他了，但心裡還是有些放不下。不過還好，他昨天說找到工作了，馬上就能搬出去。」

小振確實找到了工作，但沒有立馬搬出去，他又在小李那兒擠了一個星期。週五晚上，小李要去中部看親戚，週日下午才會回來，就剩小振一個人在家。

週日的時候小李回來了，發現家裡沒人，小振的東西也少了一半，就打打電話給他，問是不是找到房子搬走了，為什麼也不說一聲。

小振用他那一貫的平靜口吻說：「哦，我忘了。」

小李忍住一肚子火，問他：「那你的鞋子和箱子怎麼沒拿走？如果不要的話我就扔掉了！」

小振說：「我拿不動，在你那放幾天吧。還有事嗎？沒事就掛了。」

小李還沒來得及說話，他就把電話掛了。

小李拿著電話又想哭又想笑，不過還好，這個傢伙終於走了。

*　　*　　*　　*　　*

但是，你以為事情就這麼完了嗎？怎麼可能！對於這種人，你不能用正常人的思維去看待！

有天晚上，小李回家發現家裡的門被撬開了，正想要報警的時候，對門的鄰居開門說：「你有個朋友找我借工具把門撬開，他說有急事，已經和你打過招呼，我就把工具借給他。」

小李已經受不了了，狠狠發誓，以後再也不和這個人有任何瓜葛。

＊　＊　＊　＊　＊

人的一生中，誰沒遇到過幾個不正常的人呢？我當然也遇到過，只是沒小李的遭遇這麼特殊罷了。

我覺得，這種人最大的問題就是他們的價值觀和世界觀有問題。說白一點，就是沒有教養，不懂禮貌，不知道感恩，覺得別人對自己不管付出多少都是理所當然的。比如小李對小振的付出，一般正常人在自己吃不起飯、沒有工作的時候，有個人這麼無私地幫助過自己，會感恩對方一輩子。但小振不這麼覺得，在他眼中，小李不管對自己付出多少，都是理所當然。

我對這種沒教養的態度一向是敬而遠之，你永遠也不知道他們下一步會做出什麼讓你哭笑不得的事，最重要是，和這種人相處非常心累。

20

你今天看電影了嗎？

我的父母從不看電影。

曾經，我以為是因為他們對這個流行時代的某些詞彙已經陌生，對這個不再屬於他們的時代已經有了距離，所以才拒絕坐在電影院裡。

某天，朋友送了我幾張電影票，於是我帶著父母去看了一部系列電影。

在電影院裡，父母充滿興致的陪我看完了整場。看得出來，在觀影的過程中，他們的身心都沉浸在電影帶來的快樂裡。

回家途中，我主動向父母講解這部電影的前世今生，還推薦給父母這電影第一部、第二部以及第三部的觀看連結。

我發現，我們曾經互相不耐煩的情景

突然消失了，父母很耐心地聽我說話，我也耐心地解答，曾經的矛盾似乎在一場觀影的儀式中獲得某種和解。原來，我們不是不能好好談話，只是缺少這樣一場家庭活動，所以也缺少和解的契機。

＊　＊　＊　＊　＊

有一陣子，我工作很忙，壓力也很大，脾氣一度非常暴躁。家裡一件小事不順眼，就會讓我莫名其妙的發火，在這樣壓抑的氛圍裡，家人和我說話都格外小心翼翼，生怕一個不慎就「引火上身」。

老公並沒有勸我，他也不評價我的行為，只是堅持帶我去看場電影。

每當有什麼新片上映，他總是說：「我們去看電影吧！」

當我看英雄主題的電影時，我彷彿成為那個片中無所不能的超級英雄，懲奸除惡，肩負著拯救世界的使命。

當我看現實主義電影時，似乎也從生活的蹂躪中，感覺到自己是如何被命運捉弄，又如何衝破命運的藩籬，在別人的人生故事中，讓自己的情緒找回平靜。

在別人的故事裡，我反觀自身，看到自己身上的刺和傷害到別人的那個部分。我明白了老公的用意，他用一個簡單的方式，既讓我釋放壓力，也讓我漸漸修復心情，找到某種可以使自己平靜的力量。

的確，**生活中實在有太多的事發生前毫無預兆，結束後無跡可尋，就像一條沒有源頭、沒有去向的河流。**

我們或許可以不知道一件事怎樣開始怎樣結束，但是可以透過一個又一個儀式告訴自己，我們曾經的痛苦已經過去，新的開始已經到來。

我們可以忘記過去那個不好的自己，迎接未來更好的自己。

看電影，這是生活中微不足道的一件小事，而帶來的儀式感，卻像是我生活中大大小小、閃閃爍爍的各個時間標的，給了我不同回憶的時間節點，為我枯燥的生活上色。

21 你活著的姿態，牽動著你的幸福狀態

朋友跟我講了一個關於「好女人要愛自己」的故事。

小蓮是個善於打扮自己的年輕媽媽。結婚後，她還像個女孩一樣無憂無慮，四處旅遊，對世界似乎充滿了好奇。朋友點開她的朋友圈給我們看，裡面有小蓮最近剛發布的幾張照片。照片上的她看起來肌膚細膩，表情溫柔，臉上看不到一點這個年紀被生活壓垮的戾氣。

她在照片旁邊還配了一首詩，寫的是自己目前的人生狀態。下面有很多女性朋友紛紛應和，看得出來，那些留言都是發自真心的讚美。

朋友告訴我們，她在工作上，也是部

門的佼佼者，不管什麼時候，她的辦公桌都插著鮮花。「和女孩一樣，好像不會老似的！」朋友給小蓮這句評價。

我問朋友，小蓮的生活是否比另一個朋友小敏幸福？她說，那當然，家裡老公、公婆，簡直把她寵成公主了。至於小敏，則是我們共同認識的另一個朋友，家境雖好卻總是兢兢業業，焦慮寫在臉上。

是啊，這兩個人雖然都很普通，在條件差不多的情況下，把日子過成詩的程度，取決於她們心靈浪漫的程度。從表面看，她們的婚姻狀態、人生經歷都沒有什麼不同，卻出現截然不同的結果。

我們想用什麼樣的姿態生活，認真還是散漫，也決定了身邊人的狀態。一個愛自己、懂得打理自己的人，她心中必然會少了很多怨氣。選擇生活的儀式，就能成就優雅的生活方式。

* * * * *

我想，這個世界的確是有九九．九%的機會能讓一個人變成一個俗人。我們很多人和小敏一樣，對生活充滿焦慮，於是我們的人生只剩下一種姿態，就是拚命壓榨自己，換取未知的安全感。

生活中實在有太多的事無法預測，就像一條沒有源頭、沒有去向的河流。終有一天，人燒成了灰，成分就跟磷灰石差不多，並沒有什麼值得敬畏的，為什麼我們要把它當回事？甚至有人說，人就是由一堆分子組成的。

而追求自我靈魂完整的人，或許可以不知道未來的路應該怎樣開始和結束，但是可以透過一個又一個的儀式告訴自己，我們是在生活，不僅僅是生存。我們人為的給光陰、離合賦予意義，但這些看不見也摸不著，更不知有什麼用，可是你我和一堆化學成分的區別，就在於這一點「意義」。

我們大部分人都帶著過去匱乏的基因，想著我們的人生湊合湊合也就過去了。但這樣的生活方式，會沉澱下很多令我們不快的東西，因為我們在這樣的方式裡無法學會怎麼愛自己。一個不愛自己的人，必定對生活充滿怨氣，有著不為人知的壓抑，這樣的怨氣和壓抑會使人變得苛刻，當然也就談不上如何去愛別人。

其實，小敏看似節約的狀態，是對生活真正的浪費；而小蓮愛自己的姿態，才是對情緒真正的節省。

有位學者曾經說過，要做出真正的好東西，必須有種極大的浪費。其實，好的生活儀式並沒有實際意義，可是就是這樣的沒有意義構成了我們情感的附著和物質的消耗。在這種消耗中，我們找到了自己的安慰。

22 少說話是教養，會說話是修養

有個成語叫作「心領神會」，意思是，對方還沒說明，你心裡就已經領會了。可現實中還有個成語叫「文不對題」，不僅彼此不能心領神會，甚至連對方想要傳達的意思，你也沒能準確掌握。

偏偏我們每個人都可能遇過答非所問、文不對題的情況，想要改掉這毛病，除了學習提升如何與他人找到共同話題外，似乎別無他法。

在生活中，如果是自己的朋友「答非所問」，這樣的情況還不會怎樣；可在職場中，特別是向老闆回報工作時，出現這種情況就有點難堪了。

＊　＊　＊　＊　＊

公司的新進員工小米，因為長得可愛，能言善道，很快就與同事打成一片。可是主管並沒有對她留下好印象，原因就是她在工作中總是出包。

有一次，小米與主管一起出去見客戶。有一段路，主管並不熟悉，但知道小米以前上的大學就在附近，開車的他就沒有啟動GPS，而是讓小米帶路。

主管問她：「前面紅綠燈路口轉彎嗎？」

小米看了看說：「我們剛過了超市，前面有一個鞋店，你往前開吧！」

因為小米說了一句：「你往前開吧！」主管以為前面紅綠燈路口不轉彎，油門一踩，想趕上綠燈。

這時小米突然大叫：「轉彎啊，快轉彎，就是這個路口，旁邊就是鞋店。」

主管開著車，哪裡顧得上看什麼鞋店，當小米叫著「轉彎」的時候，他早就衝過了這個路口。

主管當時雖然生氣，並沒有多說什麼。誰知，後來小米在工作中，也屢屢出現文不對題、答非所問的情況。

主管問小米：「你工作完成了嗎？」小米回答：「我昨天熬了一個晚上，真的很累，而且天一亮就起來上班了。」

當主管對下屬表示關心：「天氣有點冷，要多注意身體。」小米搶著回答：「今天陽光挺溫暖的，我中午吃飯的時候，還曬了太陽呢！」

你是否也遇過像小米這種人？或者，你也出現過這種情況？事實上，答非所問的原因是畫錯了重點，或者說，知道重點是什麼，但是很想講一講自己的感受，而忽略了真正的主題。

比如，對方問：「今天天氣如何？」你回答：「我正在太陽底下看書，眼睛都刺痛了。」你想表達的意思是，今天的太陽不錯，看我在曬太陽就知道了。

對方說：「記得吃藥，小心感冒。」你回答：「有一種感冒藥，是含維他命的……」你的意思是，我當然吃藥了，而且吃的藥除了能治療感冒，還含有維他命。

你的意思沒有錯，但對方只想讓你「直接」回答問題。

假如你經常出現文不對題的情況，請重新判斷重點。別人問什麼，簡單有力的回答就好，不要用自己認為的重點來回答。當對方問你天氣如何？直接講當時的天氣情況就好，對方未必想要知道你的感受。

* * * * *

改變自己的思維，比想要解讀他人思維更容易。最重要的是，你要堅持總結經驗，加強練習，平時主動當眾發言。每週與朋友聚一兩次，讓他問你幾個問題，測驗自己是否改掉文不對題、答非所問的毛病。

文不對題的情況如果只像小米那樣還算好的，僅僅是沒有正面回答而已。還有一種情況是，你因為焦慮、恐懼、緊張等種種原因，不僅文不對題，還整個歪樓。

出門旅行時，我身邊坐了一位年輕人，因為要長途跋涉，為了讓旅途不尷尬枯燥，我與他聊了起來。

我問他：「你不是本地人吧？」

年輕人點了點頭：「這你都看出來了？我是外地來的，我們那個地方特別好，當地的特產十分有名，我小時候就愛吃，因為我的奶奶……」

年輕人滔滔不絕地講述起來，從頭到尾沒有告訴我，他到底是哪裡人。若不是我知道他出生地的特產，我這一路上聽了那麼多話，也弄不清楚他到底是哪裡人。

我能理解當時的狀態，他只不過想把話題帶下去，好讓我們更有得聊。可現實是，明明一句話就能解決的問題，非要長篇大論地說下去，不僅顯得囉唆，有時還會令人煩躁。出現這種情況的原因，往往是你並沒有認真聆聽，曲解了對方的意思。這是不在意對方的信息，或者理解過快造成的。

如果你是這類「患者」，一定要先聽清楚問題，懂得點到為止，杜絕長篇大論。另外，還要學會放慢自己的語速，不要急著表達，接下來再訓練自己，用一句話表達主要觀點。雖然有點矯枉過正，但等自己能準確表達以後，這些條條框框自然可以拿掉。

最後，一定要弄清楚，文不對題、把話題帶偏，與把一個話題順利帶下去並不相同。雖然都是要把話題聊下去，但是前者是自己在講，後者是把發揮的機會留給別人。所以，當你痛痛快快地長篇大論時，很可能話題已經偏了。

23

我們的不快樂，是因爲走得太快

去年有個長假，我翻了翻旅遊書，決定邀幾個喜歡戶外的朋友，一起到傳說中享有「五嶽獨尊」美譽的泰山走走。

為了看日出，我們決定連夜趕路。

我們說說笑笑，走走停停，結果不到三個小時就到了玉皇頂。我們在山頂一直等到破曉，觀賞完日出拍了照才開始往山下走。我們原路返回時，卻發現了一個問題，真的就像俗話說的那樣——上山容易下山難。

昨晚摸黑攻頂，居然不知道原來這路是如此艱險崎嶇，好似登天梯一般。真佩服昨晚的我們，竟然毫無壓力的就爬了那麼高。

一路上，我們三步一停、五步一歇，我不停抱怨著，怎麼會如此路途艱難遙遠。走到半山腰的時候，我們停在路邊的石碑旁，欣賞這山間的風景。眼前好像一幅巍峨雄偉的畫卷：山間薄霧環繞，山勢險峻，峰巒層疊，山上布滿奇松怪石，偶有石刻矗立於山路兩旁。

在讚嘆眼前美景的時候，我不禁問：「咦，這些奇松怪石是一夜之間冒出來的嗎？為什麼昨晚爬山的時候都沒有發現？」

朋友說：「我們昨天的目標是登山，以至於在征服泰山的同時，完全忽略了路途遙遠與山路陡峭，也錯過了沿路兩旁美麗的風景和石刻。若是我們昨天能夠放慢一點腳步，不急著攻上山頭，累的時候還能駐足欣賞一下山中的美景如畫，我想今天你也不會有這麼多的遺憾吧！」

*　*　*　*　*

其實很多時候，我們都是被快節奏的生活推著前進，不管內心是否願意，也不管這種前進的速度是否適合自己。

像是有些人會被長輩逼婚，但實際上你卻想先打拚自己的事業，再結婚成家，但是因為長輩的壓力，被迫相親結婚，導致自己原來的事業規畫也跟著被打亂。

我們之所以活著，除了好好生活、照顧自己的身體健康，也應該享受生活。

每一次歡笑，每一次哭泣，每一次快樂，每一次孤獨，每一次成長，每一次失敗……這些都值得我們去享受和回味，它們是我們人生這條大道上兩旁的風景，美麗多嬌，賞心悅目。

所以，在生活中，我們不要走得太快，慢一點，看看周圍的風景，然後你會發現，生活其實不只有結果，還有過程。而且，有時候過程比結果更重要。

隨後我們放慢了下山的腳步，細細領略山間美景，有說有笑，花了近五小時才到達山腳下。雖然花的時間久了點，卻更能領略泰山的雄偉與登山的意義。

回去後我不斷思考，如果我們下山的時候也像上山一樣快，那這趟泰山行，將是多麼索然無味啊！

人生也是如此，若我們都忙於低頭趕路，匆匆前行，一心只奔向遠方那海市蜃樓般的成功景象，豈不白白錯過了路邊的風景？

*　*　*　*　*

我們活這一輩子，說長也長，說短也短，就看你如何看待。

若是你每日清晨被鬧鈴叫醒，倉促洗漱，就奔逃出門，一整天看似工作忙碌，實則內心急躁，反而什麼事情也做不成。晚上加班看似努力，實際上你的心早都飄到窗外，而且昏昏欲睡，腦中一片空白，你只是不想辜負自己每天的奮鬥。

其實，你只是看起來很努力罷了。你的一生也會這樣庸庸碌碌在倉促中走完，什麼也不會留下。

若你每日規劃好一天的工作，氣定神閒，踏踏實實，留出十分鐘的空餘時間，欣賞一下上班路上的風景，也許你會發現，社區巷口的老爺爺身旁多了一隻可愛的小流浪狗；也許你會發現，街邊賣早點的夫妻新推出黑米做的飯糰；也許你會發現，去搭車的路上，那塊鬆動的瓷磚被磨平了。如此多的細節，若你發現，心情一定會格外舒暢。

是啊，為什麼要那麼匆忙呢？

我們每天活得不快樂的根源就在於此，每個人都有走向死亡的那一天，為何不珍惜每一分每一秒我們活著的時光，好好享受呢？

相信我，下次走路，別太快。

你會發現一個從來沒有發現過的世界。

24 你多久沒有好好吃飯？

很多人對吃飯、美食情有獨鍾。與吃相關的電影、書籍實在太多了，似乎再苛刻的人也嚮往著餐桌上的團聚，在那一刻，溫馨滿溢，疲憊消解，是一天當中難得的美好時刻。

我們每天都要吃飯，是那麼習以為常，但是並非每個人都如此，我曾經看過一則故事：有個女孩遠赴美國留學，為了緩解父母經濟上的壓力，她到一家中餐廳打工賺取生活費。

這家中餐廳老闆非常苛刻，工作期間，她幾乎每天都挨罵，從餐廳的衛生到食物的擺放，老闆幾乎鉅細靡遺，裡裡外外的管理都是一絲不苟。員工稍有不慎，就會引來一頓怒斥，餐廳裡頭每個打工的人都活得謹小慎微，如履薄冰。

幸運的是，工作壓力雖大，卻有著相對豐厚的薪水。因此，儘管條件再苛刻、老闆再挑剔，她也咬牙繼續做著這份工作。

直到有一天，一位客人進來點餐，脾氣暴躁的他催著趕緊上菜，偏偏當時正好是餐廳員工用餐時間。在廚房吃著飯的女孩怕惹來老闆注意又生氣，立刻放下手中的飯碗，急急忙忙去為客人服務。

沒想到，她一走出廚房，正好遇上老闆攔住她，問她要去哪？她唯唯諾諾地說出，正要去為客人點餐。奇怪的是，老闆居然沒生氣，反而讓她回去繼續吃飯。

她回憶這段經歷，當時老闆說了一句令她這輩子都難忘的話：「對於我們這一行而言，『吃飯』就是最重要的事，只有你從內心敬畏吃飯這件事，才能料理好食物。我雖然嚴格，但是我也不許有人在吃飯的時候打擾你們，讓你們沒辦法體會吃飯的意義。」

＊　＊　＊　＊　＊

老闆的這番話讓她相當訝異，那一次，她並沒有為那位急躁的客人提供服務，以至於餐廳被投訴，但並沒有人因此受到責罰。後來，每當她吃飯的時候，就想起這件事，心中就會湧現出對食物的感激與敬畏之情。

如今已經年長的她說，「吃飯」是一個家庭裡最基本的儀式，是為了保證家庭作為一個基本結構形態而存在。是這樣的形式串起一層又一層的情感邏輯，這是「好好吃飯」這幾個字能打動人心的關鍵，不僅有情感邏輯背後的價值觀，還有獨特的人情冷暖。

其實，在步調快速的這個現代社會，我們可以透過吃飯這件小事，窺見某些焦慮。但是，我們也可以在現代社會的嚴謹、快速之外，在一天的忙碌之後，在餐桌上，純粹享受食物帶給人帶來的快樂。

回家吃飯，是丈夫對妻子的愛意，是家人對孩子的盼望。

好好吃飯，享受食物和團聚的快樂，是和親情同氣連枝的溫暖，是一場追求美好生活最原初的儀式。

學會放下的練習❸

一個真正的強者，

她的勇氣與力量，永遠來自她自己。

——摘自本書〈不要在最好的年紀過得最廉價〉

我們可以試著這樣做：

1. 我們沒辦法決定出身、家庭、長相等外在條件，但我們可以決定自己想要成為什麼樣的人。
2. 把生活還給生活，讓自己做自己。審視自己的內心，審視自己的生活節奏，產生精神上的需求。
3. 當我們用認真的姿態對待每個生活細節，實際上是尊重我們自己。

shining

PART 4

再忙，都要做個對自己有要求的人

一個對自己有要求的人，
會渾身散發光芒。
任何人在和他相處的時候，
會覺得是一種享受，
不管一起做什麼，
都不會有「浪費時間」的感覺。

25

努力，向來都是與痛苦同行

大二那年的暑假，我在一家教育中心實習，帶著一群孩子去參加山野夏令營。

帶隊的王教官，曾在部隊中服役，是退伍軍官，大家都叫他王爸。王爸性格溫和，孩子們都很喜歡和他打鬧，但又懼怕他。

跋山涉水的時候，面對一些偷懶坐在地上不願意走的孩子，他總會大聲呵斥，叫他們趕緊動起來。王爸的樣子總是很嚴厲，很多孩子都被他嚇得哭起來。

當天晚上大家都休息了，我和王爸聊起天。想起白天的事情，我說：「王爸，您對這些孩子的要求是不是太高了點？他們年紀還小，都是都市小孩，從小嬌生慣養，吃不了這樣的苦也是理所當然。」

王爸喝了一口茶：「這有什麼啊？又不是少吃少喝，身體又沒有病，他們只是懶而已。既然來到了夏令營，就應該好好鍛鍊。」

接著，王爸又告訴我一件事情。他才剛懂事的年紀曾大病一場，因為家裡人忙沒注意，竟然演變成小兒痲痺症，一度雙腿無法行走，臥病在床。他因為個性好強，不想永遠這樣下去，所以在醫生和藥物的幫助下，拚命練習復健。理論上，小兒痲痺症能復原的機率很小，可是他憑藉著自己的毅力和不放棄，竟然能夠復原，這真是奇蹟。

王爸講這些話的語氣一派輕鬆，但我想除了他自己，沒人能夠體會這背後所付出的努力和艱辛吧！

第二天開始，我不再對偷懶的孩子睜一隻眼閉一隻眼，而是像王爸一樣嚴格要求。

＊　＊　＊　＊　＊

先天條件不好，根本不能證明什麼，也不是你逃避和不努力的理由。因為，努力能讓人變得強大，做到很多不可能的事情。

隨著年齡增長，我們終究要面對更廣闊的世界，遭遇更大挫折。在這些困難面前，我們都是得一個人奮鬥。所以，不努力，怎麼行？

在這個碎片化的時代，我們看到的，常常是別人想讓我們看到的部分，我們掌握了訊息，並沒有掌握知識。背後愈演愈烈的競爭手段，不僅令原本的事物變質，更扭曲了人們的認知。

現在大家創業都在談「人脈」。在當今社會，沒做到一定層級，不會積累什麼資源。**真想展現你的優越感，沒吃過苦怎麼行？**

掙錢也需要非常大的天賦，有些人窮盡所有努力後，依舊貧窮。

所以，任何專業的工作，其收穫並不會局限於工作本身，但關鍵是你的思考和認識一定要更深入。說得直白點，就是認知到努力會令人痛苦，但還是願意勇往直前，迎難而上。

26 再忙，都要做個對自己有要求的人

有個職場前輩對我很不錯，教會我很多東西。

這個前輩很能幹，還不到三十歲就貸款到一筆數目不小的資金，開了家公司。他也很忙，上班時跟員工開會，還要接待客戶，下班後還要去應酬。而且不管多晚到家，他還會繼續加班，審閱員工的企畫案，批示相關文件，經常得要到凌晨兩三點才睡覺，但早上六七點就又得爬起來，開一個多小時的車去公司上班。

知道他忙，我很少去找他，對他來說，分分秒秒都是錢，我挺少去打擾。

有次我因為手上一個案子遇到難題，解決不了，就打電話給他，問有沒有時間

想過去請教。那天是週六，我原以為他又像往常一樣在公司加班，結果他說：「你來我家樓下那個健身房，我在裡面等你。」我心想，他居然也有忙裡偷閒的時候。

到了健身房，前輩正在跑步機上揮汗如雨，認真嚴肅的模樣，讓我覺得他連健身都認真的當一回事。

等他健身完，我們找了家咖啡廳坐下來聊。在他的指導下，像往常一樣，我的問題迎刃而解，還明白了很多東西，獲益匪淺。和對的人相處就是這樣，每次說話或者閒聊，都能領悟到一些不一樣的東西。

畢竟有一段時間沒見了，難得碰面，我們除了工作上的事，還聊了很多生活中的事情。我問他：「你那麼忙，還抽時間出來健身，可真不容易。」他說：「就是因為忙，才出來健身鍛鍊身體。平時經常應酬喝酒、加班熬夜，身子不練練不行啊！」我點點頭，想想也對。

接著他又說：「其實這只是原因之一。」「哦？」我疑惑地望著他。在我眼中，健身就是鍛鍊身體，還會有什麼原因？

他說：「我現在不只是一個普通的上班族，我有自己的公司和團隊，還經常接待社會各個階層的客戶，如果我在他們面前挺著個鮪魚肚，腰像水桶一樣粗，走沒幾步路就喘，你覺得那樣合適嗎？即使生意場上的人不在意，我手下的員工們也不會喜歡這樣的老闆吧？」

我點點頭。前輩接著說：「其實我不這樣做沒有人會說什麼，也不會有人要求我。誰不想偷懶，誰不想忙完工作後呼呼大睡，或者玩玩電動、看看電影什麼的呢？但我得對自己有要求，我得有一副結實的身材和健康的身體。俐落得體不僅是對自身形象的愛護，在人際交往中，也是對對方的尊重。」

＊　＊　＊　＊　＊

我從上一家公司離職後，在家賦閒了一個月，那段日子實在太難熬了：不知道該做點什麼，電影看一半就覺得沒意思，遊戲玩到一半就覺得無聊，想睡又睡不著，出去玩生性又宅……總之，不知道該做什麼的日子特別痛苦。

其實，造成我這種情況最大的原因，是對自身沒有要求，不知道合理安排自己的時間，讓其荒廢，導致沒有自律的生活。如果我有好好計畫一番，找些書和學習資料來看，充充電，為下一份工作做準備，日子就會是另一番模樣了。

一個對自己有要求的人，會渾身散發光芒。任何人和他相處的時候，會覺得是一種享受，不管一起做什麼，都不會有「浪費時間」的感覺。

一個對自己有要求的人，不會有日子難熬和無聊的時候，他們的四肢和大腦像發動機一樣運轉著，做的事情全都是有意義的。

一個對自己有要求的人，除了豐富自己的生活和人生，也會給身邊的人帶來力量，這種力量或許就是我們所說的正能量吧！

27

再瑣碎的生活，也要找到屬於自己的快樂

我每天下班的公車路線，都會經過幾個大廣告牆。

在五光十色的燈光輝映下，有幾張當紅演員精緻的面孔，他們在海報裡努力微笑著，身後是各自代言的產品LOGO。他們努力的試圖令我相信，我真的需要一件這樣的產品。

我竟然覺得這廣告並不討厭，因為他們是明星，所有明星都把變漂亮當成一件很重要的事情來做。即使是廣告，也可以成為一道後現代文化中的風景。

有部小說對儒家文化中的書生品格與心性寫得極好。即使隔著文字，我也可以想見那個人的俊美容顏及絕代風華。

那些好到極致的人與器物，才值得寫出來。

某位名人在跨年演講時說，即使一個人有敏捷的思維和橫溢的才華，也要管理自己的長相。

任何人，把自己收拾得漂亮些、得體些，終究不會錯。

＊　＊　＊　＊　＊

我剛開始運動的時候，也覺得很痛苦。人一旦痛苦起來，眼中看到的一切似乎都在印證著自己的想法——我去的健身房始終空空蕩蕩，只有稀稀落落的幾個人，很多都還上了年紀。

我上網搜索動作示範，總是一些年輕漂亮的女生，輕輕鬆鬆做著那些令我痛苦萬分的腹部運動。愈痛苦我就愈覺得，我的身體實在太缺乏管理了。我對它實在太壞了，所以它才會給我這樣的回饋訊息。

一個長期健身的朋友跟我說：「你要把跑步當成一件慎重的事情來做，當你跑步的時候，要和你的肌肉交流，要召喚你內心暗示的力量。」在她的指導下，慢慢地，我從開始只能跑十幾分鐘，發展到跑三十分鐘，再後來跑一個小時。

一個月後，我的身心舒暢了很多，減肥反而成了附加價值。

朋友說：「我發現你好多愛好，而我發現我好像什麼都不喜歡做，也做不好。我從來沒有做完哪件事情後，感覺很開心、很滿足的。」

如果你把每個愛好都當成一種儀式，期待與這些事情相會，你就一定會做好的。

如果生活注定是瑣碎的，我們也無法違背這樣顯而易見的常識。

這世界上總有些道理無關是非。

沉浸在這些儀式當中，只是沉浸，不期望會有什麼結果，這樣你就會獲得某種平靜的快樂。

28 多問，會讓你做人處事更準確

職場菜鳥剛到公司，往往會給主管一種比較聽話的感覺。但這種「聽話」，只是因為還沒有經驗，所以只能聽命行事；一旦遇到上司的指令或任務交代不夠周全，菜鳥就會漏洞百出。

在職場打滾了幾個月或是老鳥們，則是過於了解公司內部執行狀況，了解上司的脾氣性格，所以用自己的邏輯思維做人做事。表面上看，自己成了老江湖，實際上這種思維正影響著你的前途。

* * * * *

萌萌工作了半年多，三個月前成為正

式員工。實習期間，她總是盡心盡力工作，很怕自己試用期考核不過，無法順利被公司任用。等萌萌轉為正職後，懸著的一顆心總算落了地。當「危機」解除，她的工作也變得拖延起來。

同事：「萌萌，A公司的案子做好了嗎？」

萌萌：「李經理正忙著他老婆生孩子的事呢，這案子不用急，等李經理忙完私事才會管公司的事吧。」

第二天，萌萌就接到李經理電話，讓她把案子送到醫院，他要在醫院裡把工作做完。萌萌急忙把案子做完，來不及檢查便送到醫院。途中她向我抱怨：「李經理真是的，說風就是雨，誰知道他在這個時候還能工作啊！」

我聽完沒說什麼，只是催促她盡快把案子送過去。

試用期間，萌萌整天擔心自己考核過不了；通過後，又整天抱怨公司主管過於苛刻，做事總是超出她的預期。

許多當過主管的人都知道，當一個新人在試用期間，雖然學習的是最平常不過的基本常識，但總會十分賣力。但是有些新人成為正式員工後，會將一腦袋的常識都拋在腦後，反而用自己的邏輯做事。如果主管某一刻不按常理出牌，他們就會手忙腳亂。

時間愈久，這些菜鳥就與老員工「同流合污」，變得不再努力，得過且過。這樣的員工，雖然不會被主管辭退，但也不會有升職的機會。而那些真正努力、保持初心的人，反而能得到認同。

* * * * *

什麼是初心？就是盡量把自己當成一張白紙，接到指令立刻展開工作，像最初步入職場時那樣。不要任由你的大腦猜測，陷入一種自我判定的思維中，有太多的「我以為」影響了工作，而忽略真正的事實。

「之前不就是這樣做的嗎？我這次也是這樣做，哪裡不對呢？您提出的意見我可以修改。」

「為了這個案子，我一直在加班，確實付出了很多。不過，客戶不滿意，我們也只能繼續努力了。」

「這個客戶特別不可靠，之前就讓我改，我以為這一次也會改，所以就隨便發了一個策畫過去。好吧，我下次不會這樣了。」

遇到事情時，人們難免會對此事進行推測、判斷。多數情況下，你一旦自我剖析，主動檢討，無論同事還是上司心中的怒氣會明顯平息下來。這樣做的好處是，你不僅給自己找到理由，還承認自己的錯誤。最重要的是，儘管主管會衝著你發脾氣，但總比把你辭退強。

當你忍不住去猜測的時候，可以改用請教的方法來解決這個問題。像是主管最近在忙別的案子，你覺得他可能認為這個案子不重要時，可以明確的請教對方，到底什麼時候討論、結案。這樣子，就杜絕了自己無端的揣測。

與同事相處也是如此，盡量把工作細化，不懂就要問，無法確定的事更要弄清楚，不要自以為是的猜測。

有的人情商高，有的人情商低。兩者之間最大的區別，便是站在對方的角度感受和思考。無法準確思考時，就要問清楚。因為談話時，雙方的認知是複雜的，只有改善溝通效果，才能降低複雜度，找到交集。

職場中，我們往往認為做錯事一定會被罵，但勇於認錯，有的上司還會給予鼓勵與安慰，希望你下次做得更好。

沒有什麼事是既定的，「改變，是唯一不變的道理」。掌握了這個原則，凡事就不會「想當然，應該是……」，而是會多個角度去看待問題、處理問題。

就像有部電影台詞說的：「純善或純惡的人並不存在，就像一張平滑的紙一樣；人都是擁有著很多面向，就像一張對摺後的紙，才能穩穩站立。」在職場中也是如此，工作裡的「全對」或「全錯」並不存在，要處理一件事情有很多方法，只有找到適合的方法，考慮全面性，才能像那張紙一樣，穩穩的站立。

所以，先做好第一步吧——多問，會讓你做人做事更準確。

爲什麼有人從不 Po 文？

29

有個問題引起我的關注：為什麼有的人從來不在朋友圈上Po文？

在這個問題下面，有很多回答，大都是正向的，關於心靈療癒、內心自我滿足、不需要向外界尋求認同感、注重自己的隱私。

不過，有個網友給了一個相反的回答，她說，自己有個朋友，幾乎什麼雞毛蒜皮的小事都要往朋友圈發，剪了頭髮，買了新衣服，看見什麼花花草草，每一張照片都要配上一句從網上搜尋到，充滿文青氣息的金句，全方位、多角度的展示自己的生活狀態。

她說，現實中這位朋友，身材其實有

點胖、很宅、又經常出言不遜，可是在網上卻「演很大」，把自己裝得像是個文藝女青年，每次看到都想封鎖她，卻又忍不住想看看她到底還有哪些戲碼。

似乎所謂的精采生活、特立獨行往往只是假象，是包裝的需要，是自我感動製造出來的產品。

其實，這樣都只是偽裝，一個人如果沒有強大的理智與自我保護能力，任何詩與遠方的美好都只能存在於想像中。甚至，極有可能自我感覺良好，卻是別人的笑料。

* * * * *

真正精采的生活，不會執著於一頓飯的美照，對著鏡頭搔首弄姿，或是某一件衣服的品牌。往往都需要情商、智商來為自己保駕護航，才會贏得真正的尊重。

她們冷靜：對於外界的聲音，能清晰的分辨到底應不應該在意，到底值不值得為此影響自己的生活。

她們善良：一個女人，其他方面再好，也不能失掉善良這項可貴的品質。

她們獨立：因為她們的精神世界是完整的、人格是健全的，她們可以應對所有的挫折，不會被生活的變故打敗。

她們坦誠：不懼怕暴露自己的弱點，是因為她們還有自省的能力，也有付出愛的能力。即使能騙過所有人，最終還是需要對自己的內心保持誠實。

有一句流行語說得很好：「當你看到某些事時，你覺得那是在賣弄，卻不知道，那不過是別人的正常生活而已。」

活出精采的女人，既有那種原始的野性與活力，也有現代的開放與矜持。她們需要面子上的光鮮，如同電視劇《我的前半生》裡的唐晶一樣，亮麗的裝扮，精緻的生活，雷厲風行的行事風格，永遠都不是為了取悅他人而存在。

受到傷害時，唐晶也不曾失態，因為她所做的一切，都只是為了讓自己活得更美好，而不僅僅局限於得到一個男人的忠誠。

一個人金玉其外、敗絮其內，很難獲得他人持久的欣賞與真正的尊重。我們應該明白的是，外在的東西越美麗，就越需要強大的自省能力與分辨能力。因為越美的東西，往往越脆弱。

30 你不一定全對，別人也不一定全錯

很多人在與人交往時，總認為只有自己的觀點是對的。這種偏執注定讓這段交往失敗。哪怕當時沒有失敗，最終也會以失敗收場。沒人受得了偏執狂，當然也不可能人人都是偏執狂，但總有一些事，我們就是沒辦法繞開，而變得偏執。這時，你的表達不再清晰準確，偏執的行為會阻礙你的溝通。

每次有人找我解決問題，開場永遠是最痛苦的。因為人在遇到問題或困難時，第一反應就是「抱怨」，這種情緒下所講出來的話很難不偏執。

雨菲已經工作三年了，最近她因為經歷資深而晉升為部門組長。之前她一個人

單打獨鬥，什麼事都自己解決，若真是解決不了，她還能向組長請求幫助。至於公司裡其他同事，只要關係過得去就好。

可是，自從她升任組長以來，卻愈來愈苦惱，因為她不再是一個人，需要協調整個小組。在她的小組裡，有實習生、有老員工，還有別組調過來的同事。在協調的時候，她最討厭的人，就是實習生小周了。

雨菲向我哭訴說：「小周真是一個笨蛋，安排給他的工作，總是無法如期如實地完成。」

我問：「你既然認為他是一個笨蛋，那你怎麼做？或者有沒有幫他做點什麼？」

雨菲滔滔不絕地講述起來：「你不知道，我剛來公司的時候，每件工作，只要組長講一遍我就懂了。小周真的很笨，我講了三遍，他還是不明白。這樣的員工在我們組裡，不是豬隊友嗎？所以我才討厭他。」

我繼續問：「那你都是怎麼教小周的？」

雨菲說：「我那麼忙，當然是請組裡的人教他。我有個關係不錯的同事說，小周這個人挺笨的，隨便找個人教就行了。」

我繼續問雨菲，她同事如何判定小周很笨？雨菲說，小周以前在公司打工，有次大客戶來公司考察，他因為太緊張打破杯子，所以同事們都說他笨手笨腳。

我恍然大悟，雨菲原來被自己「欺騙」了，也就是說，她陷入了偏執裡。她因為小周打破杯子，斷定他是一個笨蛋，所以讓組裡的員工教小周。又因為小周在組裡不受重視，所以那位老員工未必會認真教他知識。如此惡性循環下，小周真的會變「笨」。

在生活中，我們常遇到這種情況，因為有些人說了某些話，從此就深信不疑。當有了先入為主的觀念，戴著有色眼鏡看那個人時，他可能就愈來愈像你心中期望的那個樣子，導致你在跟他溝通時，就會像對待「傻瓜」一樣對待他。

* * * * *

日常生活中，你可以不和那些不喜歡的人接觸；可是在工作中，你必須學會與不喜歡的人有效溝通，這樣才能保證工作可以順利進行。否則，就會出現雨菲這樣的煩惱與困擾。

先不要聽任何一個人對另一個人的評價，如果你對此深信不疑，就先做個假設：把這個「壞人」假設成他是一個「好人」。

你必須這麼想，否則你只會讓事情一味的敗壞下去。有用的假設能讓你認清真相，而自認為的好或壞，只會束縛你。

像是在戀愛中，當一方認定對方不夠愛自己時，就無法建立良好的溝通。

女生：「七夕你沒送花給我，是不是不愛我了？」

男生：「我昨天加班，今天去買花給你。」

女生：「情人節都過了，今天送花算什麼？」

這時，無論男生如何解釋，女生都認定對方不愛她，說什麼都是不愛，因為她的大腦被她的「真相」束縛住了。想要讓溝通更有效，就必須去掉所謂的「真相」，假設男生說的是對的，那麼才能真正聆聽他的話。在聆聽的時候，再來判斷真假，這樣會比提前有個「預設」要有效很多。

人們常被經驗所騙，認為只有自己經歷的，才最真實。但假如經驗是正確的，世界上就不會出現「黑天鵝」。經驗不僅會限制你的大腦，還會限制你的行動。試問：這些偏執的行為，對你有什麼好處？它們沒辦法讓你達到目的，你的目的是與對方建立有效的溝通。

舉例來說，過去經驗告訴你，老闆是個嚴厲、不苟言笑的人，所以每次向他匯報工作的時候，你總是戰戰兢兢，以至於說錯了話。

但是，你也必須知道，要從大腦中去除掉這些經驗，採取新方式與他溝通。當你用活潑可愛的語氣與老闆溝通，說不定他會對你微笑，誇獎你。因為當你用輕快的語言表達時，對方也會身心愉悅。反而，你愈是戰戰兢兢，別人也會被你的氣場所影響。

不要徒勞的限制自己，你必須站在更不同的角度看待同一事物，這樣能讓你接收到更廣泛的訊息，也能讓你在行動中更有自信。別讓偏執毀了自己，讓你陷入自我挫敗以及自相矛盾的情況。

31 接受必要的束縛，才能獲得更大的自由

有句話說：「家有賢妻夫少禍。」其實這句話也可以倒過來說：「家有賢夫妻少憂。」

網路上有個非常有意思的問題：「為什麼很多成功人士都喜歡標榜自己寵愛老婆呢？」

有個回答最觸動我，「一個真正的男人，他的戰場不僅僅在職場，更在自己的家庭裡，事業上的成功只是為了掌握更多的資源；而家庭的和美，才是他最後的港灣。」

我注意到，愈來愈多文章在稱讚一個男人的美德時，總是會讚頌他對家庭的貢獻，對愛情的忠貞，以及他處理事情的態

度得體。

還有一種說法，高智商的男人反而越愛老婆。

我相信這種說法。因為家庭生活才是最讓人放鬆、最容易暴露自我的地方。

* * * * *

一個男人的精力，不僅僅要分給工作，還需要留一部分給家庭。這樣的約束力，讓他們帶著孩子般的童真，對伴侶的家庭活動感到無限欣喜。

人品便是一個人的基石，真正願意打磨、錘鍊自己人品的男人都擁有大智慧。有了好人品，就像是開了一朵嬌豔動人芬芳四溢的花，事業上才有人願意與你合作，朋友也會像蜜蜂和蝴蝶那樣聞香而來，翩翩起舞。

對家庭敬畏和尊重，看起來有些傻氣，卻蘊含著豐富的人生哲理。這樣的關係，讓人從另一個角度看到一個男人的踏實和品德。因為在一段家庭關係裡，男人的自我約束遠比女人重要，只有自我約束，才能實現對家庭真正的保護。

從某種程度上來說，家，是曾經的陌生人而現在是親人的組合體。在每種社會群體關係中，都需要我們約束自己，遵守某些規則和底線。只有敬畏家庭關係，才能約束我們克服人性中最惡的那個部分，不在自己家人面前輕易暴露自己的卑劣，守護住自己內心真正的底氣。

只是，現在很多人都本末倒置，把最好的一面留給陌生人，把最壞的一面留給家人。他們在外人面前親和友善，卻對自己的家人橫眉冷目。殊不知，對外人再好，外人也不會太在意；而對家人態度不好，卻會讓家人寒心。究其根本，只有家人的這種愛是真正發自內心。

我始終覺得，男人在外面要頂天立地，在家裡要溫柔和氣。畢竟，妻子是因為他，才任勞任怨地操持著這個家。他理所應當回饋這個為自己付出很多的女人，而不應該覺得一切都是理所當然。

＊　＊　＊　＊　＊

愛要一來一回才會更持久。單方面的付出，總有能量耗盡的那一天。

很多人都覺得，已經結婚了，不必再拘泥於那些條條框框，但是連皮鞋都需要上油保養，何況婚姻。既然記得給皮鞋上油，怎麼就忘了維繫婚姻呢？

一紙婚約看似束縛，其實是歸宿。你有這個所謂的束縛，才能飛向更高、更遠的天空。因為叫家的那個地方，是你無論飛多遠都可以回來歇息的地方。

32

人生不管什麼時候開始，都不嫌晚

我有個叔叔在一家公司工作了十五年，是第一批創始員工。他自己和我們都以為，他這一生都將奉獻給這家公司，沒想到，他最近卻失去工作。

叔叔工作的公司被一家大公司收購，幾百人被裁員，其中包括我叔叔。拿了一筆資遣費的叔叔在家裡安靜地待了一段時間，每天只是散散步、看看書、遛遛狗。過了一段時間後，他突然對嬸嬸說：「我想去讀夜校，考個文憑。」

嬸嬸一愣，以為叔叔因為失去工作受到刺激，安慰他說：「你就別折騰了，在家好好待著，不去工作也沒關係，兒子會養活我們。」

叔叔一笑：「我倒不是因為這個原因，去讀夜校只是單純為了學習。學無止境，我是為了充實自己的內在，不是為了工作或滿足其他事情的需要。」

叔叔的心態很好，把自己的境遇當成一種變化。他覺得，變化意味著進步。對他來說，被裁員也是個很好的機會，可以藉此提升自己，還能嘗試一些新的、以前從來沒有體驗過的東西。

* * * * *

我相信不少人可能也有過這種經驗，在一家公司待了很多年，卻突然因為內部的一個決策或高層一個想法就被裁員。失去工作後就開始抱怨、罵老闆，這些反應很正常，也能理解。同樣事情發生在我身上，肯定也受不了。但我們終究不能一直處在這種憤怒中，一是對身體不好，二是老闆也聽不到，三是對以後的生活沒有幫助。

最恰當的處理方式，是給自己一個調整過程，三天或者一週都可以，然後開始正常工作和生活。我身邊很多朋友失去上一份工作後隔天就開始振奮找新工作了，一些能力好的人第三天就能去新公司上班了。

我們生活在一個無時無刻不在變化的社會中，生命中，失去工作這種變化實在算不了多大的事。

失去了上一份工作，除了好好調整心態，還可以總結一下自己的不足，問問自己，為什麼我做得不錯，還是被裁員呢？為什麼偏偏是我而不是其他人？然後就好好努力充電去吧！

「書山有路勤為徑，學海無涯苦作舟」，成長和學習就像時間一樣，是件沒有盡頭的事情。

像我叔叔讀完高中就出來工作，平時不管再忙，都不會放棄讀書和學習機會，憑他的資歷不需要任何學歷證明，就能輕鬆找到一份好工作，但他還是決定重返校園。

我很佩服叔叔的這種勇氣，畢業幾十年後重新學習，一般人連想都不會去想。這樣的思維與作法，也注定了叔叔不會是一般人。後來叔叔成功畢業，拿到證書。他告訴我，重新學到的東西遠比這張畢業證書重要得多。

前些日子，叔叔順利進入一家上市公司，擔任分公司的總經理。我知道，他還會走得更遠。

工作是忙碌的，很多人經常沒日沒夜的加班，忙得連飯都沒時間吃。但工作從來不是生活的全部，學習和成長也很重要。如果把精力全都投入在工作中，忘了學習和成長，除了薪水調高了點，其實還是在原地踏步。

沒錯，在工作中也能成長，但這種成長只是一部分，而且還有局限性。隔行如隔山，如果不刻意去學習外面的東西，或許你根本就接觸不到。

不妨抽點時間去學習舒適圈以外的東西和知識，那會是一件很美妙的事情。

學會放下的練習 ❹

每個愛好都當成一種儀式，

期待與這些事情相會，你就一定會做好。

——摘自本書〈再瑣碎的生活，也要找到屬於自己的快樂〉

我們可以試著這樣做：

1. 不要徒勞地限制自己，你必須站在更不同的角度看待同一事物，才能讓你在行動中更有自信。
2. 工作從來不是生活的全部，不妨抽點時間去學習舒適圈以外的東西和知識，那會是一件很美妙的事。

Original intention

PART

5

偶爾放空，才能找回初心

其實，我們都需要一點「不堅強」、「不上進」的時間，

讓心靈和大腦放鬆，

在我們需要堅強、需要上進的時候，

我們的意志才能飽滿，狀態才會自如。

33

所有的離別與失去，都是一種成長

在我最喜歡的電影《玩具總動員3》裡，最後一個場景是，上大學前安迪陪玩具們玩了一個下午後，將這些玩具留給小女孩邦妮。那些被擬人化的玩具和那些陪著安迪一起長大的美好時光，從此定格在一場落日的餘暉裡。

橫跨十五年的這部電影系列，讓每個走出電影院的人，都懷念起自己曾經最單純、最純粹的童年時光。如果沒有這個成長後不得已的離別場景，它就無法連接我們的淚腺。

這個世界上有很多美好，我們體驗過、享受過、爭取過、挽留過。時間會讓我們明白，有些割捨與遺憾，是人生的必然。

這種讓人潸然淚下的誠實與美好，這場心酸與歡喜，教會我們許多生而為人必須懂的坦然與珍惜。

韓劇《我叫金三順》中，男主角在聖誕夜認真、坦白地回答前女友的問題：「我愛過，我愛過那個臉頰胖胖的女孩，我愛過那個為了成為世界頂尖的糕點師傅，而找遍巴黎市區所有蛋糕店的女孩，那個有很多夢想，充滿熱情，精力充沛，身上總是散發出甜美香氣的女孩，我愛過她。」

那一刻，女孩明白：這個世界上，她終於不再是對方眼中閃閃發光的人；這個世界上，即使沒有什麼具體的原因或理由，愛情也會輕易消逝。

愛這件事，散了就是散了，離開了就是離開了。想不想得起，惦不惦記，有沒有被喜歡過，變成陌生人後，若彼此之間不聯繫，就都不重要了。

年少時，我們都相信自己能遇上那個「唯一」的人。就像武俠小說寫的那樣，就像愛情劇演的那樣，你愛過當時那個你以為完美的人。你有過朋友，有過敵人，你以為在那些日子裡不曾是一個人。

或者到最後我們才能明白：世上沒有永恆的愛情，只有還沒來得及變心的愛人。

人在情感世界裡的旅程，從來不是愈挫愈勇；人到中年，我們愈來愈沒有勇氣再說出那句「我愛你」。在感情的世界裡，年紀越大，我們越會覺得輸不起。

當我們的勇氣和熱情不再，我們會愈來愈無望，愈來愈自卑。我們終究會明白，回憶只是回憶，不具備任何力量。每個人都會在愛情裡「上當」，終於明白，自己只是個普通人。

令我感動的是《我叫金三順》中女配角柳熙珍最後的選擇。面對男主角愛上別人的現實，她把委屈和傷心留給自己，不失涵養，尊重也還在，連轉身都那麼乾脆瀟灑。這是唯一一部讓我既喜歡女主角，又喜歡女配角的電視劇。

* * * * *

我們因為錯過而懷念，因為離別和遺憾而哀傷。其實我們愛的，是一段情感的投射，是那段歲月中陪伴自己的人和事，是「愛」這件事本身。因此，是否活在誰心裡，是否成為誰記憶裡的那道風景，在心中不再泛起漣漪的時刻，都已經不重要了。

我們愛那個曾經天真熱烈的自己，和那些永遠不會重來的曾經。因為充滿遺憾，它才具備了永恆的美感。在今後的人生裡，沒有什麼能和回憶相比。

電影《情人》的一開始，字幕寫著：「比起你年輕時的美麗，我更愛你現在飽受摧殘的容顏。」真實人生中沒有所謂的完美，我們的每一個選擇都成為我們的現在。

我們要經歷過很多，才能學會抵禦痛苦和放棄虛無，打理好藤蔓纏繞的人生，在塵埃裡開出花朵。只有淬煉自己，讓自己重新成為一個圓滿的圓，再去遇見彼此，才會有最美好的重逢。

我們應該放棄無望的期待，懂得遺憾和千瘡百孔可能才是人生的真諦，應懂得這世間最美的情感，都帶著一點不完美的遺憾。學會接受瑣碎、平淡和不完美，才能免除驚懼和焦慮。

當我們經歷過繁華似錦，跨過了無知的驕傲，才能站在生命的高地，安然地俯視和接納最真實的自己。

不必懼怕未來路上會遭遇的風雨，你會發現：在這個奇妙的世界裡，當我們開始認真對待時，轉身就會邂逅各種美好的緣分。

34 每天都要留點時間給自己「發神經」

過喜歡的生活，不一定很花錢，但可能要多花點精神。

魯迅談《紅樓夢》，說它「悲涼之霧，遍披華林」，因為裡面不僅有眾生百態，命運跌宕，還有大量的生活細節。

春天到了，大觀園的小姐們都會自製薔薇硝，因為她們臉上會長春癬。

除了這個薔薇硝，她們對打絡子（編按：繩索結成的網子）也頗有心得，鶯兒儼然就是其中的配色專家——大紅的，搭黑色才好看，或是石青的才壓得住顏色。

「松花配桃紅，金色配黑色。」如果這些都只是生活的瑣碎，還不能算完全的詩意，還有更美好的——寶玉、黛玉葬花後，一起倚在花樹下讀《西廂記》。

桃花灼灼，隨風飄落，一對少男少女倚靠著山石，在春日的桃花園中讀書，聽沁芳泉裡流水潺潺，這是何等浪漫事！

更浪漫的是黛玉扛著花鋤，將落花包著，一一葬在樹下。

還有齡官，想著自己深愛的人，在花架下的雨裡，一筆一畫地寫著薔字。

這些細節，都帶著一點未泯的天真，一點赤子之心的傻氣。

電影《致青春》裡面，鄭微向陳孝正表白，她說：「我喜歡你。」

陳孝正答道：「你神經病啊。」

或許，**愛就是讓我們突然發點神經**。

* * * * *

早年有部日劇《東京愛情故事》，劇中帶點神經質的，卻始終微笑著的莉香，最後將寫著「再見，完治」的手帕繫在電車月台旁的欄杆上。

這真的是令人無比惆悵的美好，也帶著一點神經質特徵的美好。

它是埋在心底的純粹，讓很多人懷念了很多年。

我對朋友說，愛和美是多麼纖細的東西，它們從來不具備任何力量，還常常會帶給人生許多折磨、苦痛與麻煩，可又確實是人類存在的基礎與永恆的追求。

我的這個朋友，就是個有點神經質的人。

她是攝影愛好者，可以為了拍一早晶瑩的露珠，拍下花朵綻放的瞬間而起大早。

她總是時時刻刻拿著相機，隨時隨地關注構圖與光影。有天站在窗前，望著層層疊疊的夕陽黃昏，她說，覺得這一刻很美，竟然美得讓她有種想哭的衝動。

在大自然的景色裡，每個瞬間都是有價值的，相機捕捉不了這種自然的神韻。

她說著說著，就熱淚盈眶。

我告訴她，有天下午，陰沉沉的天氣裡，我獨自一個人在窗前坐著，聽著三國中那段「他們都說，亮是個謹慎的人，可是那日草堂午睡之後，亮就做了一個與天賭命的大夢……」手裡捧著一本《三國演義》，然後，我也淚流滿面。

和朋友一起坐公車回家，看見路邊有一片油菜花海，豔麗的金黃從遠處一直蔓延到路旁，風吹過時，如連綿起伏的黃色波浪。

我拉著她下車走路，我說，我們需要帶著點敬畏的心，去欣賞這樣的自然美。

她雖然覺得不可思議，但終究還是答應我。她說，這個世界不能都是像你這樣的人，可是你這樣的人多一點，我也會變得更好一些，因為我會覺得這個世界令我有點安全感，不必那樣痛苦的防備著別人。

我說，我們每天都可以發神經。我們可以一直這樣發神經——把愛與美這件事更神聖化一點——聽外面刺骨的寒風，感受室內的溫暖，聽春天花開的聲音，看夏天的連天碧色，秋日的清光如海，還可以細緻的消磨整個漫長的冬夜。

不管在哪個時代，我們都需要留點對自然、純粹、愛的體悟時間，懷著一點莊重感和敬畏感。

原來，愛真的是突然發的神經。

我們可以一直發神經。

我們每天都應該花一點時間來發神經。

35

偶爾放空，才能找回初心

我有個剛認識不久的新朋友，有段時間，他非常喜歡閱讀那種帶點「傻白甜」氣質的網路小說。他的朋友總是打擊他，網路小說是如何透過流水線的寫作模式被炮製出來。他聽後，總是笑笑，既不反駁也不改變，想看的時候還是看。

那幾個月裡，幾百萬字的長篇小說，他就這樣從頭到尾跟下來，每天花時間讀幾章，一直到這部小說完結。後來，因為某個機會，我到他家裡去了一趟，我發現他家簡直就是個圖書館，文學、哲學著作應有盡有，其中不乏一些拗口生澀的讀物，但他寫了很多讀書筆記，邏輯清晰、思維縝密，且見解獨到。

我很疑惑，既然他已經飽覽群書到達這麼高的境界，為什麼還要看那些傻白甜的網路小說來作為精神糧食。

他笑了笑說，因為那段時間剛好失戀，心情非常低落，看網路小說不需要思考，不需要觸及內心深處的某些東西，而他選擇的那本小說的作者非常勤奮，從來沒有間斷過更新，所以每天打開這本書，就有種被陪伴的感覺。

就這樣撐了三個月，他感覺自己像是重新獲得生活的勇氣，可以恢復到往昔的生活模式中。

他說，人生有時候需要放空，如果在痛苦的時候還逼著自己正常，那只會適得其反。面對現實盡力而為，累了就不要硬撐，病了就好好休息，這是非常自然而然的事情。可是現在的人總是高估或者低估自己的真實能力，逼著自己去成功，表面上是治癒，其實長期下去會出現更大的問題。

他的話讓我想起一句網路流行語——「持續性躊躇滿志，間歇性混吃等死」。我把這句話告訴他，他笑著說：「對，很對，就是這樣。」

其實這道理和減肥一樣，是有週期性的，反覆胖瘦才是人生的真正狀態。因為我們的意志力有限，使用過度帶來的就是全面崩潰。

很多勵志書都把人描述成一台機器，似乎不需要休息，不需要充電。其實，崩潰和奮進都是人生的一部分。「我看的是網路小說，因為我在閱讀的時候，需求的不是優質內容，而是心理安慰。」他這樣說。

* * * * *

他的解答讓我想起另一個朋友，他從事金融工作，因為太過勞累，身體疲憊，所以向公司請了長假。但他心裡仍然惦記著股票的變化、公司的業績，以及部門內沒有完成的一堆報表。

名義上說是休假，但他仍然不停地接打電話，連吃飯時間也不放過。結果他在這個假期內更加忙碌，以致他回到公司崗位時，感覺比上班還累，也玩得不盡興，工作進度上也沒有多少實質性的意義。

不論用哪種方式給自己的心情放假，找到慰藉心靈的方式，其實時間都不用太久，放假的方式不必複雜，只要那段時間是我們私有的。沒有忙碌，只有悠然；沒有欲望，只有簡單的本性。

一個朋友在網路留言寫道：「每天吃過晚飯，收拾完家務後的時光是我給自己心情放假的時間。在這段時間裡，我打開電腦，聽著悠揚的音樂，看看新聞，寫寫日記。不去想明天的工作，不去操心這個世界上的其他事，也不去計算今天的支出是否超出預算……在這一刻，世界都與我無關，我拋棄所有的忙碌，彷彿這世界只有我一個人，只是安靜地做自己喜歡的事。」

是的，對待生活，沒有人能一直處在興奮和緊繃的狀態之中。

其實，我們都需要一點「不堅強」、「不上進」的時間，讓心靈和大腦放鬆。在我們需要堅強，需要上進的時候，我們的意志才能飽滿，狀態才會自如。

36

每個人心中都有段「我的傳奇」

我想，很多人都和我一樣，在少不更事的年紀，做過成為江湖俠客的夢：一琴，一劍，一人，一生。勇往直前，永不回頭，內心豪邁，彷彿這就是活著的意義。

年少的時候不明白，為什麼一點小事也能讓人敏感到驚天動地。我仍然記得，童年那些現在看起來可笑的事情背後，那些曾經的心裡波瀾。那時，微小的拒絕或一絲冷淡，是怎麼讓我的心情跌入谷底；而別人無意識的一次激勵，又怎麼讓我飛入雲霄。

後來長大才明白，那些情緒是因為我們當時內心非常柔軟，所以才對它們毫無抵抗力。

我在網路上看到一段關於《天龍八部》的觀眾評論：「當電視劇播出時，我每次都會模仿喬峰降龍十八掌的動作，直到某一天，我學會了所有的動作招式，唯一遺憾的是電視劇裡的那條龍不會出現。」

第一次看到這條評論時，我淡淡地笑了一下，可是隨之而來的，卻是揮之不去的感傷情緒。時光帶走的，不僅僅是時間本身，還有那些永遠無法重拾的自豪和感動。

《我的少女時代》裡面的徐太宇，聳著肩裝《天若有情》裡劉德華的場景笑翻了所有人。我相信看到這一幕的人和我一樣，多年前年少的自己又重新浮現在眼前。

* * * * *

傳奇的本質是什麼？是浪漫，是想像，是我們一直想要去卻未能去的那個遠方。

浪漫的本質是什麼？是打破規則，是勇氣。

與傳奇同行，活在傳奇裡，你就有了體會眩暈、危險的機會，這是多大的吸引力。

從這個角度出發，人生再窮困、再痛苦，也需要認知自己，懷抱高於現實的夢想。

我曾在書上看到一句話寫著：「我現在已經習慣擺脫那些感傷的情緒，把自己營造成一個充滿現實與虛無的自由主義者。」當人們說出這句話的時候，其實帶著某種自我辯解的意味。沉浸在自我裡並不可恥，對這個世界毫無抵抗能力的人，才真正擁有感知美的能力。

當那些過於豐沛的感受慢慢乾涸，成為成長的代價時，作為成年人，我們也許在夜深人靜時還會回憶起那些童年時的多愁善感，在現實與幻想沒有邊界的時光裡，除了自己以外，一切都是傳奇。

是這些傳奇成為我們心中永遠的圖騰，它們是一面既真實又美麗的鏡子，照見了我們久違的內心童真。

37

誰都沒必要過著隨波逐流的生活

大學畢業後，我先找了個文案工作。

這份朝九晚五的工作對一般應屆畢業生來說，已經夠好了，好歹也是一份正式工作。但因為不是自己真心想做的工作，那段時間我每天都非常難受，每天都過著渾渾噩噩的日子。

那一年的國慶連假，我搭火車回家過節。火車上非常擁擠，人貼著人，一個挨著一個。鄰座是個看起來比我年長好幾歲的大姐，我們相視一笑，一見如故，就聊起天來。

我們天南海北聊了許久，最後話鋒一轉，聊到了工作。我把自己的工作以及對現實的不滿都說了出來。她問我：「你就那麼想做與自己專業相關的工作啊？」我說：「是啊，不然大學那麼多年學的東西都白費了，況且除了這個，我做其他工作也不容易上手啊！」

大姐說：「我跟你聊聊自己的經歷吧！」

大姐滿臉笑容：「我現在是個自由撰稿人，整天都在外趴趴走，看起來很瀟灑吧！雖然很辛苦，不過是自己喜歡的工作，也駕馭得來，所以其實還算不錯。」

不過，大姐也說，在找到目前的工作前，她也曾經很迷惘，幾經坎坷。最初，她打算當個網站站長，但是網站建置起來後，好幾個月都沒有任何收益。

迫於經濟壓力，大姐放棄了，改研究網路營銷。但是她發現這個領域太過複雜，自己根本做不了，也沒有時間去學，就轉向了搜索引擎優化。要做搜索引擎優化，最需要的就是每天更新原創文章。於是，大姐開始大量閱讀各種書籍，並堅持不懈地創作。慢慢地，她終於發現找到一份適合自己的工作。

大姐總結說：「其實，每個人的成長和要走的路，以及工作什麼的，都是無形之中就注定好的，比如你最開始想在畢業後能從事和專業相關的工作，這應該叫作我們人生中的主幹道吧，就像一條馬路一樣，能帶我們去自己嚮往的終點。但適合與否，可能是另外一回事。當然這就需要一條支線，說得通俗點，就是另外一種選擇。」

大姐說了一大堆，直到她下車了我才反應過來。

我重新思考：「雖然我不喜歡這份文案工作，但我能夠勝任，而且主管交辦的每項任務，我都能做得很好。」於是，我在考慮，這是不是應該成為我主幹道上的另一條支線呢？

＊　＊　＊　＊　＊

天下父母心，從我們一出生，父母就開始精心規劃：應該有什麼樣的學前教育，小學應該讀離家近的還是教育風氣好的，中學要不要選升學率高的，大學要選校還是選系……

父母安排的是一條我們成長的主幹道，是一條平坦不會有什麼風浪的康莊大道，如果一直順著這條主幹道走下去，我們或許會過著安穩的生活。但這條道路的終點，那種生活是不是自己想要的，就是另外一回事了。

如果不是自己想要的，就選擇幾條支線試試，說不定自己喜歡的生活和最適合自己的目標就在那條路上呢！

想過主幹道的生活，還是支線上的生活，是每個人都會面臨的選擇。主幹道看似平坦，能一眼看到自己的未來；支線充滿未知，看不到盡頭，未來要靠自己一步一步去走出來。

主幹道是父母和長輩的期待之路，它安全有保障，他們希望我們就這麼平安的走下去。如果你不喜歡，可以大聲說出來，畢竟幸福和開心是自己的事情，哪裡的風景最美，只有自己知道。

生活方式那麼多，選擇自己喜歡的就好，沒必要選一種隨波逐流的生活。

38

假很容易，眞很難

電影《志明與春嬌》裡，余春嬌有一句經典台詞：「我以為我忘了張志明，後來才發現，自己變成了另一個張志明。」

這個系列電影，至今已經拍了三部，每一部都真實到令人有點無奈。情節裡充滿了日常的無聊瑣碎和男女之間的欲望與人性弱點，偶爾有些驚喜，緊接著又來一段沒有擔當的怯懦。

張志明有著很多男人都有的缺點：愛玩、渴望新鮮感，似乎永遠也無法成熟。

張志明與余春嬌之間有熱烈、沒有忠貞，有惺惺相惜、卻沒有轟轟烈烈。他們可以為了生活瑣碎而分手，又因為彼此那點有趣又重新在一起。

當余春嬌想要理清這段感情時，張志明只有逃避和推託。

張志明想結婚只是說說而已，看見孩子乖巧就說要結婚，這跟說「既然你要出去買叉燒，就順手倒個垃圾」一樣。

最大的分歧點是地震當前，張志明沒有時時刻刻跟余春嬌站在一起。

而余春嬌的悲哀就在於她和所有女人一樣，一直都走在找愛的路上，明明知道自己想要的眼前的人給不了，卻又離不開、逃不掉。她不能同時擁有自由和安全感。

他們很清楚人性的自私與卑劣，失敗與偉大。這樣的兩個人，分分合合，竟然發現對方成為生活習慣中的某個部分。

* * * * *

人生就是這樣，似乎可以隨著需求把自己當初堅持的原則和夢想扭曲變形，印證那句古老而真實的話：「走到最後的婚姻，無不千瘡百孔。」

這樣的情感很真實。就像有部戲劇裡的台詞：「這個世界上那麼多人擁有婚姻，可見婚姻不是多麼偉大而神聖的追求，大部分人湊合湊合，一輩子也就過去了。」

有人說：「文學藝術常常比真實更真實。」也就是電影中的一點點真實，才令無數的人為之感動。

這種真實，不是事件上的真實，而是情感上的真實。文學作品只負責呈現，不負責審判。它模擬和呈現人性思維之中最隱祕、最複雜的狀態。他們有能力發展，能製造驚喜，他們是有意識、能做深度思考的人物，而不是扁平的標籤。

作家契訶夫（Anton Chekhov）小說《帶小狗的女人》中寫道：「旅館的桌上放著一顆西瓜。古洛夫給自己切了一片，然後一派優閒的吃起來。至少有半個小時，在靜默中過去了。」這些細節可以替換成其他外在的狀態，卻能給人營造一種生活的感覺。

它們的無關緊要，正是其意義所在。那多出來的一點點細節，不是為了顯示作者的存在感，而是因為它們本身就有一種生活的氣息，就有活著的感覺。

就像作家喬治・艾略特（George Eliot）在她的《亞當・比德》中說過：「假很容易，真很難。」便是最好的註解。

39 自由久了，更容易感到空虛寂寞

我在微博上看到一位作者說，他買了很多書，可是沒時間看，更重要的是，現在似乎也失去了看書的心境和樂趣，一年也讀不了幾本，可還是忍不住想買書。

看電視劇也是如此。我朋友說，現在的電視劇，她最多只看一下前兩三集，剩下的劇集，都是用快轉的方式看。反正就只是大概看個情節，也不指望能從中昇華出多麼高深的人生意義。

更何況現在的電視劇那麼多，一部劇看不看，也沒有人會在意。因為選擇太多，所以，一部劇如果不能在十分鐘內抓住觀眾的眼球，基本上就是下架的命運。

朋友說，這個時代好像已經沒有什麼

慎重的事，沒有什麼值得我們推敲的東西，曾經匱乏的、需要時間打磨的東西，現在只要花幾天時間，就可以炮製出來。

她媽媽忽然插入一句：「現在看電影、追劇那麼容易，卻沒有一部劇像我小時候看的那些那樣令我感動，回味無窮。」朋友說，稀有，才會令人珍惜。任何東西只要上了生產線，能夠大量複製，就會失去曾經的神聖感。

一件事，可以喜歡但是不能氾濫。一旦氾濫，就失去了那點令人回憶的餘地。

* * * * *

我想起好幾個朋友說要來我家看書，可是來了後卻只是把書當背景，擺個姿勢拍拍照。資源的容易取得似乎給他們一種錯覺——這些東西並沒有什麼真正的價值，只要他們需要就能隨時獲得。

阿城在《孩子王》裡寫到一個求知若渴的少年，他為了買一本字典，連夜砍了兩百多根竹子。當我看到這裡的時候，竟然有想流淚的感覺。那是因為得之不易而珍惜。

我看過一個非常有意思的小故事：有個人混進富人的宴會裡，主人遞給他一串葡萄，問了他一個問題，你是先吃爛的部分，還是先吃好的部分。他說，當然先從爛的開始吃，這樣才會有希望、有期待。主人笑著說，那你一定不是一個貴族，因為真正的貴族總是享受最好的部分。

這故事要說的，並不是這人最後有沒有被識破，而被逐出宴會，重點在於——重享受的貴族總是很快就感覺到由富足帶來的虛無，再也找不到生命的意義。

有個類似的寓言故事：某個國家的國王生病了，遍尋名醫。後來，有位先知告訴國王，「你必須找到全世界最快樂的人，穿上他的內衣，病就會好。」這個故事有個滑稽的結尾，就是國王找到這個人時，發現對方是個乞丐，竟然連件內衣也沒有。

現實生活中，你也許會覺得這樣的行為很可笑，但是這種空虛背後，有著非常複雜的動機。

這樣荒誕的黑色幽默告訴我們：當我們的人生意義如同生產線般被製造出來，那是多麼的滑稽；真正的快樂不需要金錢，不需要過多的物質。所以，在貧乏和物質稀少的年代裡，一旦我們擁有什麼東西時，才會那麼快樂，那麼令人驚喜。

40 道理你都懂，可是做到了嗎？

我的前一份工作是在一家網路公司做內容產品線負責人，職位不大不小，大概就是中階主管。雖然壓力也有，但是上下班時間卻很自由，算是責任制。大部分同事都是九點上班，我可以十點、甚至十一點到都沒人管，下班時間也沒有限制，有私事的話，三四點就可以走。這種悠哉日子過了足足有一年。

後來我換了工作，就開始感覺不適應。新公司規定早上八點半上班，晚上六點下班，上下班都需要打卡，遲到一分鐘都得扣錢。

我的身體和精神狀態都很不進入狀況，一心想回到以前的日子。但我這才領悟，之前日子過得多懈怠。

剛開始那段時間，真的是連起床都很痛苦，雖然前一天晚上總會暗自發誓第二天一定要早起，鬧鐘設了好幾個。但是時間一到，還是躺在床上，要我早起……真不是件容易的事，相信很多人能理解，更何況我都過了那麼久自由閒散的日子。

每早鬧鐘響了，我就會把它關了，但不像上大學時候翻身繼續睡，而是在內心糾結要不要起床，被窩外面實在太冷了，然後對自己說：「再窩兩分鐘就好，我等等一定會起來。」結果五分鐘就過去了，突然想到萬一遲到五分鐘，自己馬上就要損失幾十塊錢，就趕緊跳下床，刷牙洗臉、穿衣服，直奔捷運站！

在這個心靈雞湯遍地的時代，每個人隨隨便便就能脫口而出幾句勵志金句，但這些簡單的大道理，做起來卻不像說的那麼簡單。連起床這種事情都做不到，更何況其他人生大事呢？

* * * * *

一個有氣場、精神飽滿的人，也會是一個自律的人。我相信，這個世界上所有讓人稱羡的人，都有超乎常人的自律。他們好玩，卻能克服所有的身體和情緒的懈怠，他們面對困難的第一時間是站起來，而不是想想有什麼捷徑可以走。

因為他們明白，生活哪有那麼容易？

沒有自律精神、得過且過的人，通常都是沒被生活逼到死角的人。總想再拖一拖、再等一等，可是拖到最後，該做的事還是要做，而浪費的時間，卻再也回不來了。常聽人說，「時間就是生命」，浪費別人的時間等於謀財害命，那浪費自己的時間不就等於慢性自殺。

不自律的人，就是在慢性自殺的人。他們起床的時候，浪費了一點時間；吃飯的時候，浪費了一點時間；無所事事發呆的時候，浪費了一點時間。雖然這些時間看起來都很細碎，可是積少成多。有了這些時間，自律的人可能背了一些單字，看了幾頁書，或者學會了一道菜的作法。日積月累，真正自律的人就把懶散的人遠遠拋在身後。

以前因為公司沒有懲罰機制，所以我做了一段時間懶散的人，後來新公司有了懲罰機制，我就開始特別注意時間，起初是因為擔心遲到會被扣錢，但後來準時反而成了我的習慣，就連做事情也都不再拖延。

這世上有很多人和我一樣，道理都懂，可是沒做到。因此，從現在開始，尋找一些壓力，無論它來自外部，還是來自內心。只要能下定決心，讓自己做一段時間自律的人，自律就會成為習慣，如影隨形。

行動起來才是關鍵！不要再喊口號了，賴床的時候告訴自己，越早起就能提早開始新的一天；發呆的時候告訴自己，這個時間可以多看好幾頁書。一點一滴累積起來，你就會發現自己愈來愈自律，同時，生命的質量也會隨之提高。

道理你都懂，那麼從現在開始，學著做到吧！

學會放下的練習❺

不管在哪個時代，

我們都需要留點對自然、純粹、愛的體悟時間，

懷著一點莊重感和敬畏感。

——摘自本書〈每天都要留點時間給自己「發神經」〉

我們可以試著這樣做：

1. 不必懼怕未來路上會遭遇的風雨，你會發現：在這個奇妙的世界裡，當我們開始認真對待時，轉身就會邂逅各種美好的緣分。
2. 我們都需要一點「不堅強」、「不上進」的時間，讓心靈和大腦放鬆。
3. 生活方式那麼多，選擇自己喜歡的就好，沒必要選一種隨波逐流的生活。

Surprise

PART 6

人生跌宕起伏，
才有出其不意的驚喜

我被很多人傷害過，也傷害過很多人。

但慶幸的是，因為相信這世界仍有愛與美好，

我從未失掉相信的力量，也就未曾失掉擁抱和享受幸福的能力。

人生不可能都是一帆風順，我們無法預設它的航程。

它要跌宕起伏，這樣才能時時給我們驚喜。

41 這個世界，永遠不缺比你更努力的人

我相信，大多數人都抱怨過自己的工作太過辛苦。一份薪水不高的工作卻花費大把的時間，都快沒有自己的空間了，還要經常聽老闆和主管的訓話，為他們的情緒和奇思妙想買單，簡直苦不堪言。

人類是種不願意屈服，也不願意在其他事物庇護下生存的生物，但事實又不得不如此，說白了，不去上班就沒飯吃。所以，有些小情緒很正常。但冷靜下來後還應該想想，自己的能力是否配得上想要的一切。然後看看，自己究竟有多努力。

王晨是名工人，主要工作是安裝廚房和衛浴設備，他既沒有固定的公司，也沒有固定的客戶和老闆，表面上，工作、時

間都很自由。但對他而言，這並不是意味著自由和想玩就玩、想工作就工作，而是緊張。

如果一天沒有工作就表示沒有任何收入，還要面對每天起床睜開眼，食衣住行的各項支出，可是一筆不小的錢，對許多人來說都是如此。所以王晨非常努力：每天早上不到六點就起床，吃完早飯，擠著公車穿越大半個城市到客戶家工作。他每天的基本工作內容是安裝完一廚一衛，若是安裝的廚衛空間大，就得加班，經常忙到晚上十一點多才回到家。

他告訴我，過去這一年，他只休息了兩天，端午節和國慶日。其他時間，幾乎都是每天早上六點多出門，晚上快十一點才到家。

我當時有點震驚，想起自己週休兩日，早上九點上班，晚上六點就下班，加班還有補貼，卻還在不停抱怨。與他相比，我真的很慚愧。

＊　＊　＊　＊　＊

這個世界，永遠不缺比你更努力的人。當你在做一件事情覺得自己很辛苦、付出很多時，其實你還是落後了很多人一大截。

努力是一件很奇妙的事情，和我們所想要的東西成正比，你付出多少就會得到多少。當你抱怨自己有多努力卻沒得到想要的東西時，不妨想想，是不是自己努力的不夠，或者努力的方向不對。

王晨的辛苦沒有白費，忙碌的工作從未讓他覺得有無聊孤寂的時候，不像我們享受了網路便利的這一代，常有許多突如其來的、莫名的孤獨和寂寞感。在物質上他也理所當然地得到了自己想要的一切。

「努力的人多半都是幸運的」，這句話是真的。

說了這麼多，我其實想表達的是：生活不容易，工作很辛苦，世界和生活不可能按照我們想要的樣子而存在，我們除了努力和克服，別無選擇。

努力，也是一種改變生活和環境的方式或捷徑。

42 當你打開雙手，世界就在你手中

在網路上看過一個男人講到他的戀愛故事。

遠在外國工作的他和女朋友遠距離戀愛，兩人長期用網路視訊溝通。有次，一個偶然的回國機會，他決定給女朋友一點驚喜，獨自搭車來到女朋友公司樓下，買了一束花，悄悄上了樓。

此時女朋友正在工作，他輕步走到她身後，輕聲說：「您好，您的快遞到了，請簽收。」

他女朋友隨口答道：「好的，您放在旁邊就可以。」

當時，他笑了笑。把花放在隔壁桌上，他女朋友似乎這時才覺得，剛剛快遞聲音有些熟悉，猛地抬頭，他說，女朋友當時猛然抱住了他，感動得不得了。

我第一次讀到這個故事時，也很感動。或許這的確是一個老套的故事，但是對於當事人而言，卻是他們情感生涯中一次獨特的回憶。

＊　＊　＊　＊　＊

我一直記得有個朋友的朋友圈寫著：「女人最大的悲哀，就是一輩子都走在尋找愛的路上。」是的，我承認，讀到這些東西的時候，偶爾也會覺得幼稚，可是這樣的套路，永遠會令女人歡喜。

儘管那麼多年過去了，我依然記得，在一次晚會上，勁歌熱舞之後，台上幻燈片突然切換到一個女孩的照片，大眼睛、雙眼皮，綁著一個馬尾，隨後便是一個男生上台，抱著一大捧玫瑰花下跪，當著全校學生對那女孩表白，而女孩微微掩面。台下好多人高呼「在一起」，台上的她也接過了花。

或許她不喜歡他，或許他對她的愛不如想像中那般強烈，可是此情此景，又有多少人忍心拒絕？即便老套又如何？縱使她知道，縱使全校學生都知道，她仍然滿臉光彩，在眾人豔羨的目光中接過了花。我相信，至少在那一刻，她是幸福的。

或許這就是人類的劣根性，沒有人不愛慕虛榮，沒有人不想成為焦點。

儘管我們內心深處明白自己的平凡，可是所有人都在努力使自己變得不那麼平凡。

這就是為什麼即使是老夫老妻，依然想要那不期而至的驚喜。

我遇見你，正當年少，韶華正好。後來，漸漸成了習慣，日子變得平淡。是你的戀愛招數，讓我怦然心動，讓我回憶起初遇時那不一樣的心跳。只要我們的心不曾老去，我們就永遠都會為這些戀愛招數感動，因為這說明對方心裡還有希望你快樂和驚喜的意願，讓彼此把生存過成生活。

只要我們心懷一絲寬容，我們就會從那些招數背後，看到對方希望我們開心的真誠，只要我們願意磨合，被生活折磨成枯槁的心靈，也會在這樣細微的儀式裡慢慢回溫。

我很喜歡電影《臥虎藏龍》裡的一句話：「當你緊握雙手，裡面什麼也沒有；當你打開雙手，世界就在你手中。」

當我們打開心靈，愛情就藏在那些招數之中。

43 出去走走的意義

我在某次活動場合認識一家公司的文案策劃，聊了天，還吃了飯，但我不喜歡這個虛偽的男人，滿嘴「年薪百萬」、「幾十萬不成問題」、「〇〇〇嗎？喔，我早就認識！上次還一起吃過飯」……我打算先溜走。但剛起身就被他逮住：「留個聯絡方式吧，方便以後談合作。」

誰要跟你合作？我心想。

雖然很不情願，但為了早點閃人，還是把名片給了他。上捷運後戴上耳機聽音樂，我的世界瞬間清靜了。

大概三個月後，這人突然在ＱＱ上找我聊天：「聽說你換新公司了？」

我說：「聯絡資訊的狀態上有標註。」

他說：「聽說你們這家A公司是業界排名前幾大的公司，待遇非常好，可以透露一下你的薪水嗎？我參考一下，因為我最近也有換工作的打算。」

我說：「呵呵……我們公司有薪資保密協議。」

他發了個流汗的表情：「這有什麼關係，我又不是你們公司的人。」

我說：「不好意思。」

他回我：「不夠意思。」

這幾個字讓我看了很刺眼，惱火地敲著鍵盤：「不多不少，一個月五六萬元不成問題，我在部門也只是個普通員工而已。」

他回覆我「哦」一個字，接著說：「和我比還是有些差距。」

我真的火大了，也不想再說什麼，直接封鎖他。

怒火中燒的我，於是約了好朋友艾米出來吃飯。

艾米是個很懂得釋放壓力和開心的女人，每年她都會花一兩個月時間出去旅行，到處走走，見識不同的世界和各種人。她的口頭禪是「好玩」，遇到不開心或者解決不了的事情總會對自己說：「這個不好玩，不去想，也不做，來去找點好玩的。」

她聽完我的敘述，捂著嘴巴笑起來：「你幹嘛氣呼呼像個小孩一樣，就讓他裝啊，你笑笑就好，拆穿他就不好玩了。」

見我不回答，她把臉湊上來悄悄問我：「你一個月真的能賺上五六萬元？」

我挺起胸說：「開什麼玩笑！那是故意說來打擊他的，總是輸人不輸陣啊……」

艾米笑得前仰後合：「哈哈哈，瞧瞧你自己，都多大的人了，還糾結這些事情。如果你都賺不到五六萬元，他那樣的貨色能賺多少？況且，就算真賺得比你多又如何？和你有關嗎？」

其實艾米說的這些我何嘗不懂，只是不知道為什麼，就是硬要賭氣掉進那個泥淖，明明美麗的風景就在岸邊，可是這泥淖卻讓我的雙腳愈陷愈深。

「我本不應該這樣的，可就好像被什麼拖住了一樣，腦海裡一直迴盪著這件事。」我說。

艾米說：「你需要一趟說走就走的旅行，出去吧，看看一些新的東西和世界，什麼東西都不是空穴來風的，寬容和釋懷也一樣，如果你夠寬容和釋懷，就不會受今天這個人和這件事影響這麼久，它們本身根本沒任何意義。」

我這才發現，我已經有一年多沒去任何地方了，一直在公司和家之間兩點一線移動，連公園都很少去逛逛，這樣不憋出病來才怪！

於是，趕緊的，背上背包出發吧！或者什麼東西都不拿，只要記得回家的路就好！

我第二天就出發了，去了趟泰山，看到從未看過的日出，遇到從未遇過的人，說了從未說過的話，走了從未走過的路。

回來後，我還是照常起床上班，照常下班回家，似乎一切都未改變。

但事實上，很多感受都變了，只有我自己知道，腦海裡和血液裡有些不一樣的東西在流淌。

* * * * *

關於旅行的意義，網路上有很多種解釋，每個人也有不同的出發點。而我覺得，旅行最大的好處就是能讓人認清自己，不再局限在之前的舒適圈裡，從而心生畏懼，明白在這個偌大的世界裡，其實自己很渺小，進而知道自己想要什麼樣的生活，該在意什麼樣的人和事，在什麼事情上付出感情和時間才是值得的。

我們說話、做事，或對一個人的態度和方式，除了本能和天性，能對這些行為產生決定性影響的，是我們所見識過的世界。世界裡的一草一木、一磚一瓦、一人一物都會影響我們。見識的世界愈大，就愈會懂得怎樣取捨，也更懂得如何寬容和釋懷。

出去走走，是見識世界一種最直接有效的方式。

社會壓力愈來愈大，節奏也愈來愈快，生活成本也愈來愈高，大街上到處都是為了生活分秒必爭、腳步匆忙的人。我們都是其中一員。但捫心自問，一年三百六十五天都重複一樣的生活，真的不枯燥乏味嗎？你是否有過討厭現在所有一切的想法呢？是否因為一個陌生人不小心插隊而惱怒半天呢？……你是否想放棄一切什麼都不顧，去另一個陌生的地方清靜幾天？

就是現在，馬上出去走走吧！去見識新的世界和新的風景，生活該局限在一個地方。而當你回來後，會發現以前討厭透頂的生活和工作，都變得不一樣了。

44

老是懷才不遇，還是急功近利

人們常常愛寬容自己，並覺得自己「懷才不遇」。在生活中，有點不同於常人的優勢，就會覺得自己已經站上顛峰，就該被寵愛、被追捧，否則就是別人不識才。

你倒是拿出真本事來啊！我說真的。

我有位朋友是位年輕媽媽，有個女兒。小孩子天生愛寫寫畫畫、跳舞之類的，並沒有什麼稀奇。可是，這位媽媽偏偏認為自己的女兒是個畫畫天才，整天把女兒的畫放到朋友圈裡曬。

為了讓女兒在繪畫方面能夠充分發揮，她還為女兒報名繪畫班。如今，畫得確實還可以，但完全沒有達到專業可以出版畫冊的水平。

我認識一些編輯，有時需要轉介插畫師或作者時，便會在朋友圈裡招呼一聲，算是幫朋友的忙。

那天，我發了一則出版公司徵求插畫師的廣告，這位媽媽找上我，希望讓她女兒有機會當上插畫師。可是，以她女兒的畫技水平，離真正的插畫師還有點距離。於是我委婉地說：「您女兒年紀還小，當插畫師還得與編輯溝通，需要花費很多時間。這些機會經常有，等她稍微大一點也可以接，現在學習最重要。」

結果這位媽媽急了，氣呼呼地對我說：「老師都誇她畫得好，身邊的朋友都說她是畫畫的天才。她平常那些畫作你看過，幫忙推薦一下不就行了？你怎麼是這種人，早知道你不肯幫忙，我就不該來找你！」

這位媽媽的心情我可以理解，但是她把事情想得過於簡單了，插畫師並不是隨便畫幾張畫就可以，每份工作與專業，都沒有表面上那麼容易。

同樣，一個人在生活中溝通順暢，別人都誇他能說會道、能言善辯，也並不代表他就可以做講師，成為這個行業的專家。

＊　＊　＊　＊　＊

這種「懷才不遇」的態度，還有「自以為是」的態度，才是真正阻礙你進步的問題所在。

懷才不遇與沾沾自喜，其實本質上沒什麼不同，無非是肯定自己，認為自己十分有能耐，只是外界不認可。你仔細想一想，我們身邊有那麼多唱歌好聽的人，為什麼他們去參加歌唱比賽時，卻有人連初賽都過不了？因為一旦放大外界環境，就會發現自己其實能力十分普通。

因此，適時判斷當前局勢，更有利於你的成長，無論在口才和情商方面，還是其他方面。很多時候，我們並非自己想像的那麼優秀。給自己樹立什麼樣的目標、要達到什麼樣的水平、設定什麼樣的價值標準，可能更重要。

你可能會說，我就是想要會說話，能開口說話，生活裡不得罪人即可，那麼恭喜你，你讀完這本書並實踐，就已經能做得很好了。

可是，如果你想提升業務，在事業上、生活上更進一步，那就必須對自己有更高標準的要求。

在我們過去的認知中，往往認為自己語言天分不夠，於是狂補語言類的知識。或者語言天分超於常人，便得意於這方面的優勢，進步緩慢。

沒有天分的人，知道自己的不足便開始大量學習，把全部時間都投入口才訓練技巧上，但僅僅只是口才獲得提升，社交能力卻未必跟著提升。

因為社交本身是相對複雜的，是肢體語言、聲音、眼神、服裝搭配等多方面的結合體。想要進步可以使用二八法則，即先投入二〇%的時間，把口才提升到八十分，然後再研究聲音，同樣做到專業類八十分，依此類推，你才能在口才、聲音、打扮、肢體語言等多個面向，達到整體的成長。

為了持續進步，你還可以在提升後的基礎上，再運用這個方法在不同的領域實踐，便能不斷向前邁進。這就像上台階，每提升一次，便能踏上一個新階梯，讓人生更上一層樓。

45

只有成爲專家，才會成爲贏家

專業，是集中精力做好自己最擅長的事情。

判斷一個人的專業成就，不應站在制高點上粗暴地對他人進行審判，而應該從專業的角度，看看他們為這個領域的專業發展做出多大貢獻。

專業人士在自己擅長的領域裡，早已經超過了世界上八〇％的人。

我常常會遇到這樣的問題：「你怎麼看待某某某？你如何評價誰誰誰？」這些是寫幾篇長篇論文都難以道盡的問題，遑論區區一場短暫的交談可以解決。

正確的提問方式應該是這樣：「某某某關於什麼的觀點你是否同意？為什麼同

意（或不同意）？」正所謂「先問是不是，再問為什麼」。

同樣的，要在任何一個領域登堂入室，都必須明確自己研究的目的和對象。

就一般的學習本身，各學科之間是可以互通的。

像是經濟、社會、學術和所有研究規律的書之間，都有著某些相通的關聯和規律。很多時候，對各方面了解一些皮毛知識，總比一無所知要好。

但是專業的學習，重點在於「專」這個字上。

這個世界上只有一〇%的書是真正在立論。其他只是把同樣的觀點換了一套包裝方式重新兜售，或是把同樣的故事核心換了幾種演繹模式和表現方法，再次呈現出來。

不管讀書，或者任何專業知識體系的建立，都需要在前期花點氣力，精心培養起一個強有力的核心。能形成某個學科的領域，常常是和人類的其他核心知識緊密的聯繫著，並有其他人探索過。這是它成為學科的必要條件。在核心的支持下，才能更準確地看到自己的方向和研究探索的落腳點。

專業是在明確自己的研究目的和研究對象。專業可以由淺入深，由簡單到複雜，但不能一直都在簡單淺顯中游移，那樣始終進入不了複雜高深的領域。

每個學科都有固定的標準，這個標準需要盡量做到客觀和穩定。它的建立，是很多具備專業知識且有建樹的人，花了一輩子去研究探索出來的。

我們大部分人，看到同樣的東西，反應可能各不相同。這和我們的人生閱歷、教育水平、審美觀有關。

我朋友曾經跟我講過一件事。他說，當年在工廠做工的時候，有次和一個同事一起看電影。這個同事平時可能就只看看肥皂劇，那天晚上，朋友打開《刺激1995》，他對同事說，不管這個電影怎麼樣，希望你能堅持看十分鐘。

十分鐘後，那個同事已經被這個電影的劇情和節奏完全吸引。一起看完這部電影後，同事長長的舒了一口氣說，以後有這樣好看的片子，一定要再叫他去看。

* * * * *

很多時候，當我們覺得一個東西很好，有可能是我們自high。

我們應該承認，只讀了幾本輕小說，看過幾篇網上的科普文章，追過幾個網紅得到的觀點和認知，其實很難和那些付出龐大時間成本，專門學習過本專業知識的人相比。

妄想從最簡單、獵奇的入口找到一種滿足感與真知灼見，其實全都是偏見的投射。

在接觸到專業書籍後我才明白，即使有了正確版本，也不意味著就能在正確的路徑上思考。不能深入理解學術史脈絡，並在這些基礎上思考和提問，往往只是在非常淺顯的意義上重拾前人的牙慧，抒發一點低端的感悟，還自以為自己是在進行思考。

所以，專業是不以「我喜歡、我不喜歡」為參照標準的客觀判斷能力。它要求我們了解這個領域現在已經到了什麼階段，未來還有什麼樣的發展空間和延伸的可能性。

專業同樣也離不開「我喜歡」三個字。這三個字很關鍵的原因在於，是我們進入一個領域的前提和基礎。我們在每個人生階段喜歡的東西可能不同，有些習慣我們丟棄了，有些卻能一直堅持下來。

曾經有個朋友對我說，他每天要思考很多問題，如果把它們都寫下來，他每年可以寫幾十萬字。

我說：「那你為何不試試看？」

據說他回家後，真的興沖沖地打開電腦要打字，卻發現自己一個字也寫不了。這並不是因為他的能力問題，而是他沒有受過專業培訓。

他並沒有把寫作當成一項重要的職業，而是視為業餘的興趣而已。

*　*　*　*　*

村上春樹說過：「寫作是一項嚴肅的職業。」

我們都聽過一萬小時定律，但是，到底什麼樣的人才能堅持一萬小時？

「堅持」的前提就是熱愛。只有真正的熱愛，才有一種非做不可的需要。只有真正的熱愛，才有排除萬難咬牙堅持的勇氣。真正的熱愛，就是不管有多少人潑冷水，都必須在沒有鼓勵、沒有認可、沒有幫助、沒有理解、沒有寬容、沒有退路，只有壓力的情況下，堅持到最後。

熱愛，決定了你在一條路上可以走多遠。

專業的前提就是「熱愛」，只有興趣才能讓人不知疲倦，迅速地調動頭腦裡儲存的資源。

很多人要問：「既然熱愛這麼有用，為何不將它放在第一條呢？」

我見過太多人空有一顆熱愛之心，卻沒有做事能力，到處抱怨自己懷才不遇。要辛苦地學，辛苦地練，在漫長的時間裡，灰頭土臉的摸索出一點技巧，憑著熱愛和技術，最後成為專業領域的中流砥柱。

我有一個讀博士的同學曾說，他們的論文中哪怕只需要論證一個點，也要博覽群書去找出來。

當今世界的學術非常廣博，要做出點成績真的很不容易——尤其對那些一心向學的人而言。要點滴推進，就要求一個人把自己訓練成學科上的技術能手。

在技術層面而言，知識工作者也不能例外。掌握技能的程度，視個人的天賦和勤奮程度而定。這是一個不斷打開自己的眼界，又不斷打破、重組自己認知的過程，不亞於一場新生。

這個世界，愈來愈向垂直領域細分，愈來愈呼籲合作。

我們交織在一起，是用有限的生命發掘自己擅長領域中最感興趣的那個點，然後愉悅地與他人進行資源置換。而最偉大的專業技能，是創新。

武俠小說《射雕英雄傳》中的洪七公說：「三十歲之前，各家各派的武功我都會學一學；三十歲之後，我便只練降龍十八掌。」

專業是先做加法，後做減法。是我們在綜合提煉之後推陳出新的能力。

英國哲學家弗朗西斯・培根（Francis Bacon）說過：「除了知識和學問，世上沒有其他任何力量能在人們的精神和心靈中，在人的思想、想像、見解和信仰中建立起統治和權威。」提升自我認知，永遠都能給我們帶來最大的平靜與幸福。

46 沒有婚姻，愛情就是愛情的墳墓

電台裡，有個女生A匿名講述了自己的一段情感糾葛。

有個很喜歡她的男生，從上大學就一直在追求她，直到大學畢業。

這個男生為了和她交往，幾乎付出所有的努力：早上幫她買早點，平時幫她拿東西，陪她逛街、去圖書館，聽她說心事，甚至在她與別人發生情感糾葛時開導她。

久而久之，這些行為幾乎已經成為她生活中的一部分。她每次只要一有事，第一時間想到的，就是打電話給這個男生，甚至是凌晨三四點，只要這個人接她電話慢了，或是稍微露出一點不耐煩的語氣，她都會大發脾氣。

終於有一天，這個男生結識另一個女孩B，兩人正要去約會。但是他突然接到A的電話說有急事，出於無奈，他只好帶著新女友一起赴約。路上A接到家人的電話，要她回家時順便買點東西回去。於是三個人一起進了一家超商，她在店裡買完東西後，這個男生礙於B在場，沒有主動幫A付錢，她竟然當場鬧起脾氣。

而這次，過去一直暗戀她的男生不再繼續包容她的任性，很生氣地告訴她：「我現在並沒有追求你，也不欠你，希望你能搞清楚狀況。」

A很苦惱，她不明白到底哪裡出了問題，畢竟他們以前都是這樣相處啊！

這麼多年下來，A認為這種相處模式，已經變成彼此的習慣，卻沒有想過，原來這些都只是她自己一個人的習慣而已。她很失落，原來並不在意的人，在失去之後突然變得很重要，甚至重要到讓她有點難以接受這個現實。

也許，這個女生只是沒弄明白一點，所有曠日持久的單戀，最後都會變成過眼雲煙。在這段關係裡，她一直在享受如同對方女朋友的待遇，卻沒有給對方該有的名分，說穿了，這個男生只是她的「工具人」。

也許，這個男生曾經對她有過愛情，可對於大部分普通人而言，愛情本身是不確定的，它的存續，永遠都有保鮮期。

* * * * *

就像一部浪漫小說裡寫的：「對於愛情而言，它有一個期限，在這個期限裡，你可以無限支取，可是一旦過了這個期限，它就變成一張廢紙。」

現實之中，人性無常，甚至常常脆弱得不堪一擊。一段飛蛾撲火式的愛情，只有自己一個人被燒傷，然後，只能自己一個人躲在角落裡孤獨的舔舐傷口。

我見過很多癡男怨女，在愛情一開始的時候，也不相信曾經山盟海誓般的情感最後會歸於沉寂，曾經的熱情如火、柔情似水終究成了過眼雲煙與毫不在意。

一個男人，對一個女人最大的愛，就是和她結婚。

我想，擁有了婚姻，並不一定擁有了幸福，可是，它是愛情期望的註腳和方向，因為只有它能給我們自信，一種形式上的安寧平和，也無風雨也無晴的好時光，以及理直氣壯去付出愛的資格。

47

人生跌宕起伏，才有出其不意的驚喜

我喜歡的一個作者在影評中說，她看電影《樂來越愛你》，從男女主角開始吵架的段落，她就落淚了。

因為她知道，他們不可能在一起了。她認為：夢想是不可妥協的，而愛情既然是兩個人的事，肯定是要互相遷就。

另一個我喜歡的片段，是美國作家菲利普・羅斯（Philip Roth）在《遺產》書中寫到，他陪父親走完人生最後一段路的故事。很多自尊、親情與無能為力感，傷心又動情。在年紀輕輕的時候穿越著看了老年生活情景，為人子女，百感交集。

各種相遇到分別的過程，大家都不陌生。在我們的成長過程中，有人急於擺脫現狀而嫁人，婚後才發現原先對婚姻美好的憧憬與幻想，只不過是自己的一廂情願；有人因為人生失敗，轉而將未來寄託在孩子身上，最後卻發現孩子把家庭視為牢籠。

你愈是想依靠感情和婚姻去拯救什麼，就愈得不到自己想要的結果。

人類在某種程度上是愚蠢的、多變的、自我的，你想要倚靠別人取暖，卻發現他們唯一關心的就是自己的感覺。

有追求的人，都會傷害到自己身邊的人。

*　*　*　*　*

有個女孩分享了自己寫在日記中的深刻體悟——當她外婆去世時，她發現，原來她媽媽也會哭。她說，原本在她眼中無所不能的媽媽竟然會哭，只因為她的媽媽失去了自己的媽媽。

她想起那句話——對不起，我也是第一次當爸爸（媽媽）。

她忽然意識到，原來父母展示給自己的，就是成人世界中應該展現的姿態，即使這只是偽裝出來的堅強。年輕人眼裡的一點點悲傷，總是比天還大。可是一代又一代的人，都是靠著自己的堅強努力，從那樣天大的悲傷裡面走了出來。

當我們逐漸長大，不再需要依賴他們時，我們就失去耐心，有自信與曾經保護過我們的人決裂，用那些因為精神獨立而生長出來的尖刺，刺痛著彼此最柔軟的部分。

「要過不好不壞的生活。」人的一生跌宕起伏，處境變化多端，也許我們很快就會發現向外追求幸福的虛妄。

可是，我們還要不要繼續愛呢？那些無法逆轉的傷害、憤怒、不公、低潮和困惑，已經將我們僅存的那點愉悅，擠壓得快要無處藏身。

* * * * *

我也出生在一個並不完美的家庭。這麼多年，我一直重複做著同一件事情，就是讀書、體悟。讀書，是為了看多種多樣的人生；體悟，是為了修復自己的心靈。很多人從我生命中來了又走。

我被很多人傷害過，也傷害過很多人。但慶幸的是，我仍然相信這世界有著愛與美好。我從未失去相信的力量，也就未曾失去幸福的能力。

一個成熟的人，他的人生應該是從容的。他也不知道明天會發生什麼，更不知道生離死別和意外驚喜哪個會先到來。

一個成熟的人，他勇於接納自我，寬容這個世界。當他回頭看到曾經蜷縮在角落裡的那個小小的自己，便走過去，擁抱他、讚美他，謝謝他是那麼努力。接受不能改變的，改變可能改變的。

創造和表現，是一個人最大的競爭力。而受傷後修復心靈的能力，則攸關他未來的幸福。

人生不可能都是一帆風順，我們無法預設它的航程。它要跌宕起伏，這樣才能時時給我們驚喜。

48 相信生活有趣的人，生活就會很有趣

以前的同事跟我抱怨，最近她脾氣愈來愈暴躁。

以前工作上有什麼事情，她都會耐心冷靜地去思考最好的解決方式。現在遇到一點小事，她都會發脾氣，然後陷入無盡的煩躁中，無法靜心去處理。

起初自己發發脾氣也就算了，慢慢開始演變成對同事發脾氣。她警覺，這就有點可怕了。每次事後想起來都覺得自己無理取鬧，可是每次一有事發生，自己又會像一隻瘋狂的刺猬，到處亂扎人。

也許是因為工作不順心，也許是因為巨大的生活開銷壓力，也許是因為老家父母的期盼……她不敢深入去想到底是為了

什麼，似乎每件事都是一條死巷子，每件事都會讓她喘不過氣。

* * * * *

我聽完後，很是唏噓，因為我以前也遇過類似情況。

那時候，工作剛滿一年。沒有剛出校園時對生活的激情和憧憬，更多的只是滿身的疲憊和懈怠。工作不順心讓我的生活也陷入困境，微薄的薪水勉強支持著日常開銷，卻負擔不起高額的房租。畢業一年後，在別人每個月給父母錢時，我依舊要伸手向父母要錢。

每當有一點小事發生，我就會感到莫名焦躁，就像原先設置好的導航路線，卻出現了偏差。父親每次在電話裡問我錢夠不夠用，要不要再匯一點時，我總是緊握著手機，說「還夠」。但是掛斷電話後，卻獨自對著空蕩蕩的租屋處，哭得撕心裂肺。

那段時間，是我人生最黑暗的時刻。

直到有一天，有人找上我。

那正是資源整合、資源共享這些電商網路理念正興之際。找我的這個人，他便聚集了一批人，說要開個工作室，也整合大家的資源，做個平台。

那批人裡，有攝影師、服裝師、設計師、酒吧老闆、網咖管理員等，不同領域的跨界人士……獨獨就缺一個策劃，於是他們找上了我。

那時候的我，就像水晶球裡的公主，別人看來光鮮亮麗，只有自己知道，我已經被生活壓力壓得喘不過氣。他在微信上問的第一句話是：「你好，我有個工作室，想找你擔任策劃活動。」

單刀直入，簡潔明瞭。我很猶豫，不敢相信竟然有這樣的好事會落在我頭上。

第二天，我和他約在一家咖啡店見面。我問他，為什麼找我。他說：「我在朋友圈上看見你正在做策劃工作，而我們正好缺了這樣的人。」

我笑著看他一臉正經的樣子，覺得自己的問題很傻。人生有時候就是一場賭局，你看不清命運的底牌到底是什麼，只知道自己手上還有多少籌碼。但這已經夠了，只要你覺得可以拚、值得拚，就可以賭這一局。

一開始我很興奮，可是做沒多久就開始疲乏了。但他說：「你要相信，每一件事，如果你想讓它往好的方向發展，它就一定會往好的方向發展。」

我發現，當自己開始這樣相信後，生活真的容易了許多。

我並沒有鼓動前同事辭職，只是分享這個故事，又問了她一個問題，你最初想要過什麼樣的生活。

其實，所有的工作都一樣，都會給人帶來煩惱和不快樂，幸運的是，有些人能從痛苦中找到快樂，有些人卻只能不斷切換不同的模式，卻始終找不到自己該有的位置。

生活的艱難只能自己消化，不會有任何人出來幫忙。

當歲月一刀刀把你的稜角切掉，我們可以從停頓處學會收拾起一切，相信「相信的力量」。

學會放下的練習❻

見識的世界愈大，

就愈會懂得怎樣取捨，也更懂得如何寬容和釋懷。

——摘自本書〈出去走走的意義〉

我們可以試著這樣做：

1. 出去走走，是一種見識世界最直接有效的方式。
2. 提升自我認知，永遠都能給我們帶來最大的平靜與幸福。
3. 當歲月一刀刀把你的稜角切掉，我們可以從停頓處學會收拾起一切，相信「相信的力量」。

好日子 03

從此不再為難自己

作　　者 / 采　薇
總 編 輯 / 李復民
責任編輯 / 陳瑤蓉
封面設計 / 口米設計
美術編輯 / 口米設計、陳香郿
文字校對 / 呂佳真
專案企劃 / 蔡孟庭、盤惟心

出　　版 / 遠足文化事業股份有限公司 (發光體文化)
發　　行 / 遠足文化事業股份有限公司
地　　址 / 231023 新北市新店區民權路 108 之 2 號 9 樓
電　　話：(02) 2218-1417　傳真：(02) 8667-1065
電子信箱：service@bookrep.com.tw
網　　址：www.bookrep.com.tw
郵撥帳號：19504465 遠足文化事業股份有限公司

讀書共和國出版集團
社　　長 / 郭重興
發行人兼出版總監 / 曾大福
業務平台
總經理 / 李雪麗　　副總經理 / 李復民
海外業務協理 / 張鑫峰　　特販業務協理 / 陳綺瑩
實體業務經理 / 林詩富　　專案企劃經理 / 蔡孟庭
印務經理 / 黃禮賢　　印務主任 / 李孟儒

法律顧問 / 華洋法律事務所 蘇文生律師
印　　製 / 中原造像股份有限公司

2020 年 10 月 28 日初版一刷　　定價：330 元
ISBN：978-986-98671-5-3　　書號：2IGD0003

團體訂購請洽業務部 (02) 2218-1417 分機 1132、1520
讀書共和國網路書店 www.bookrep.com.tw

國家圖書館出版品預行編目 (CIP) 資料

從此不再為難自己 / 采薇作 . -- 初版 . -- 新北市 : 發光體出版 : 遠足文化發行 , 2020.10
　面；　公分 . -- (好日子 ; 3)
ISBN 978-986-98671-5-3(平裝)

1. 自我實現 2. 人際關係 3. 生活指導

177.2　　109015482